Sun Tzu

A ARTE DA GUERRA

孫子兵法

A Arte das Vendas

Sun Tzu

A ARTE DA GUERRA

孫子兵法

A Arte das Vendas

por Gary Gagliardi

M.BOOKS

M. Books do Brasil Editora Ltda.

Rua Jorge Americano, 61 - Alto da Lapa
05083-130 - São Paulo - SP - Telefones: (11) 3645-0409/(11) 3645-0410
Fax: (11) 3832-0335 - e-mail: vendas@mbooks.com.br

Dados de Catalogação na Publicação
Gagliardi, Gary
Sun Tzu – A Arte da Guerra – A Arte das Vendas
2013 – São Paulo – M.Books do Brasil Editora Ltda

1. Vendas 2. Administração 3. Negócios

ISBN: 978-85-7680-199-3

Do original: Sun Tzu's The Art of War Plus – The Art of Sales

EDITOR: MILTON MIRA DE ASSUMPÇÃO FILHO

Tradução: Elaine Pepe
Coordenação Gráfica: Silas Camargo
Editoração: Crontec
Capa: Crontec (Sob projeto original)

Sumário

A Arte da Guerra
A Arte das Vendas

Nota do Editor

Este livro foi publicado anteriormente incluindo a tradução do livro original de Sun Tzu, apresentada página a página simultaneamente com a interpretação do texto.

Estamos relançando o livro retirando as páginas com a tradução do original, mantendo o texto interpretado, objeto principal de seu conteúdo.

Prefácio

Como Usar Este Livro

Como *A Arte da Guerra* se aplica a vendas? Este livro trata de muito mais do que simplesmente a arte da guerra. O título em português, que enfoca a guerra, é, de certo modo, uma tradução inadequada. O título em chinês da obra de Sun Tzu é

兵 bing 法 fa

Embora isso seja traduzido como *A Arte da Guerra*, uma tradução mais exata consistiria em uma única palavra: estratégia. A palavra "estratégia" vem do termo grego que significa "pensar como um general". *Bing-fa*, que significa literalmente "habilidade militar", refere-se ao planejamento estratégico e à análise estratégica. O fato de o livro ser sobre estratégia e não sobre guerra explica por que os métodos se aplicam tão bem a vendas e a qualquer outra atividade que exija previsão e análise.

No *Bing-Fa* de Sun Tzu, temos uma estratégia específica para o sucesso. Nós a denominamos "vencer sem conflito". Ela consiste em utilizar sua posição específica no ambiente competitivo para identificar oportunidades e, ao mesmo tempo, utilizar os aparentes pontos fortes de seus oponentes contra eles.

Hoje, a maioria dos leitores de *A Arte da Guerra* é composta por homens e mulheres de negócios que buscam orientação para tomar melhores decisões. Em *A Arte da Guerra* temos um sistema diferenciado, não intuitivo, de tomada de decisões. Ele é capaz de transformar uma idéia vaga que você possa ter sobre estratégia em um conjunto de princípios claros, bem definidos. O *Bing-fa* ensina que bastam apenas alguns fatores-chave para influenciar o resultado dos seus esforços. O sucesso destina-se não ao mais forte ou [10] ao mais agressivo, mas àqueles que melhor entendem a situação em que se encontram e as alternativas que eles realmente têm. Quando você tiver dominado o sistema de *bing-fa* de Sun Tzu, será capaz, quase instantaneamente, de analisar as situações competitivas, identificar as oportunidades e tomar as decisões apropriadas.

Em nossa adaptação para vendas, os princípios básicos do *Bing-fa* foram adaptados para auxiliá-lo em sua tarefa de se comunicar com o cliente e convencê-lo a comprar. As lições de Sun Tzu se aplicam principalmente a vendas estratégicas para organizações e também durante as negociações com a média gerência e com as pessoas que realmente tomam as decisões na empresa. Como há outras adaptações específicas para administração, marketing, desenvolvimento de carreira e pequenas empresas, este livro concentra-se nos desafios externos de comunicar uma proposta comercial e garantir uma decisão a seu favor. Alguns desses desafios são a análise de sua situação de vendas, o planejamento da estratégia, a adaptação às necessidades específicas do cliente e o diagnóstico do comportamento de um cliente potencial. Como vendedor, você tem de lidar com uma série de problemas e questões que tentamos discutir especificamente neste livro.

Cada capítulo é precedido por uma introdução de uma página que explica os conceitos básicos discutidos nele, seção por seção. As divisões entre as seções são indicadas pelos números grandes. Essas divisões apareciam no texto chinês original para fornecer contextos básicos para suas idéias.

Os princípios de Sun Tzu são simples e diretos. Porém, os conceitos subjacentes nos quais esses princípios são baseados são ricos e complexos. As relações entre esses princípios básicos são explicadas com alguns detalhes na Introdução, a seguir.

Sun Tzu escreveu de maneira precisa e sucinta, apresentando suas idéias em um formato muito compacto. Pense na *Geometria* de Euclides. Tanto Euclides como Sun Tzu nos oferecem alguns conceitos básicos que se constroem uns sobre os outros. Os princípios de Sun Tzu, assim como os de Euclides, têm várias aplicações específicas. Mesmo na área geral de vendas, eles podem ser utilizados de diferentes maneiras.

A Arte de Vender, que tem Sun Tzu como referência, é um livro diferente sobre vendas. Ele discute a estratégia de vendas em sua forma mais importante. Não é um livro que contém truques de como superar objeções ou frases feitas para fechar um negócio. Há diversos livros que abordam essas técnicas. *A Arte de Vender* concentra-se em questões de longo prazo. Ensina uma maneira de pensar, planejar e tomar decisões que é necessária para trilhar uma carreira de sucesso em vendas.

Primeiramente, o livro trata de questões mais gerais de vendas que outras publicações geralmente deixam de lado. Você entende a importância e os desafios de uma carreira na área de vendas? Está disposto a enfrentá-los? Está trabalhando na empresa certa, vendendo os produtos certos? Tratamos desses assuntos nos primeiros capítulos do livro. Você não conseguirá ter sucesso na área de vendas se não for a pessoa certa vendendo os produtos certos pelo motivo certo. Nos demais capítulos, analisamos mais detalhadamente determinadas situações e condições especiais que podem ser aplicadas ao seu processo de venda específico.

A Arte de Vender transpõe as idéias de Sun Tzu sobre assuntos militares para a área de vendas da forma mais coerente possível. Começamos definindo vendas como uma batalha para conquistar a mente dos clientes. A nação que o exército defende é a empresa para a qual o vendedor trabalha. Vencer a batalha significa conseguir o pedido.

Na visão de Sun Tzu, o segredo da guerra não é apenas vencer batalhas. É vencer de forma rápida e econômica. Você deve manter aquilo que conseguiu. A vitória por si só não é suficiente. Sun Tzu nos ensina que o verdadeiro sucesso é "fazer a vitória valer a pena", quer dizer, ela deve ser lucrativa e compensadora. Tome cuidado com "vitórias" onerosas que consomem tempo e energia, mas que não conseguem o sucesso a longo prazo na conquista de um território.

Esse conceito de vitória encaixa-se muito bem em qualquer visão inteligente de vendas. Seu objetivo não é apenas conseguir pedidos; é conquistar e manter os clientes. Trata-se de fazer uma venda rapidamente e sem esforço. O que você quer é fazer uma venda que prepare o terreno para a próxima e que não o deixe esgotado a ponto de precisar de férias.

Quando adaptei Sun Tzu para a área de vendas, o maior desafio foi definir quem era "o inimigo". Às vezes, é um concorrente que está tentando roubar-lhe os clientes. Mas, geralmente, você está envolvido em uma "queda de braço" com seus clientes potenciais, as pessoas para as quais você está tentando vender. Isso suscita a seguinte pergunta: será que o cliente é realmente "o inimigo"?

Estranhamente, a visão diferenciada de Sun Tzu sobre a guerra torna esse problema menos difícil de se resolver do que se poderia imaginar. Sun Tzu via o inimigo como um parceiro na guerra. Todos os concorrentes trabalham com seus inimigos para viabilizar a vitória. No original em chinês, o caractere traduzido para o português como "inimigo" geralmente é o caractere que representa o "nobre", isto é, a pessoa que toma as decisões. *A Arte da Guerra* não passa uma visão agressiva ou antagônica da competição, mas cooperativa. Na verdade, Sun Tzu nos ensina a evitar o conflito direto sempre que possível. Como competidor, você perde batalhas com muita freqüência se é muito rápido na luta. Os métodos de Sun Tzu mostram como criar situações em que o conflito é desnecessário e o inimigo, isto é, o cliente, se rende naturalmente.

Essa interpretação reflete a preocupação natural de qualquer vendedor com o cliente e suas opiniões. As idéias de Sun Tzu sobre o inimigo aplicam-se a seus concorrentes diretos apenas ocasionalmente. Como vendedor, você precisa saber o que seus concorrentes estão fazendo, mas muito raramente deve tomar medidas que os atinjam. São os clientes, não os seus concorrentes, que determinam seu destino. Para tirar proveito máximo deste livro, analise os clientes, os concorrentes e o papel que ambos desempenham no seu sucesso como vendedor.

Você ficará surpreso com o que aprenderá quando aplicar o *Bing-fa* para fazer uma venda.

Em primeiro lugar, Sun Tzu ensina que um processo de vendas sólido não é suficiente. Você precisa aprender a pensar de forma competitiva. Seus clientes potenciais têm muitas outras formas de gastar o dinheiro deles. Você consegue fazer a venda por um motivo: oferece às pessoas que tomam as decisões a melhor opção para investir o dinheiro.

Em segundo lugar, um fator-chave de sucesso é a escolha do campo de batalha certo ou, no caso de vendas, chamar a atenção para os pontos certos na hora de o cliente tomar a decisão de comprar. Como vendedor, enfoque o processo de vendas nos problemas do cliente; problemas que seu produto ou serviço, e apenas *seu* produto ou serviço, pode resolver.

Em terceiro lugar, inove sempre. Usando os termos de Sun Tzu, sempre é preciso adaptar-se às mudanças que ocorrem no campo de batalha, mas isso não significa que você pode abandonar os processos e técnicas de vendas consagrados. Segundo os princípios do *bing-fa*, os padrões (ou o processo de venda existente) levam à inovação, e a inovação leva a novos padrões. É necessário ampliar seu processo-padrão de venda para que ele se adapte a uma gama maior de problemas específicos dos clientes.

O próximo passo é aproveitar as oportunidades. Segundo os ensinamentos de Sun Tzu, não é possível vencer por meio das próprias ações. Você não cria oportunidades. Você pode defender sua posição atual de um ataque, mas o ambiente competitivo deve por si só propiciar as oportunidades para o sucesso da organização. O segredo é reconhecer essas oportunidades quando elas se apresentam, e, uma vez reconhecidas, você deve ter confiança o suficiente para agir. Para vender, geralmente é preciso ter paciência. Outras vezes, agir rápido. Sun Tzu acha que sempre há muitas oportunidades disponíveis, pois cada problema cria uma oportunidade. O difícil é reconhecê-las e agir.

Finalmente, a visão que Sun Tzu tem da competição implica conhecimento intensivo. Ele acha que a vitória vai para aquele que detém o maior conhecimento. Sun Tzu dá tanta importância à informação que o último capítulo, UTILIZANDO ESPIÕES, é dedicado a esse assunto. Na versão sobre vendas, esse capítulo intitula-se FAZENDO PERGUNTAS. Para Sun Tzu, nada substitui uma boa informação. Conhecimento significa ter mais informações do que qualquer outra pessoa. Para um vendedor, isso significa conhecer melhor sua área de negócios do que qualquer concorrente.

A utilidade universal dos princípios de Sun Tzu significa que você pode aplicá-los de maneiras diferentes a situações diferentes. Por essa razão, você deve ler e reler Sun Tzu pelo menos uma vez por ano. A cada leitura, você compreenderá melhor os seus métodos e sua própria situação. À medida que sua situação mudar, diferentes partes do livro se tornarão mais importantes. Em geral, o livro é organizado de modo que as questões mais amplas e as de mais longo prazo, como planejamento estratégico, são tratadas nos capítulos iniciais. Depois, os capítulos tendem a enfocar os desafios especiais encontrados em condições específicas.

Releia o primeiro capítulo, ANÁLISE DE VENDAS, quando for preciso reavaliar o panorama geral de sua posição competitiva em vendas.

Releia o segundo capítulo, DECIDINDO VENDER, para garantir que você assuma a atitude certa na hora de vender e que esteja vendendo para os clientes potenciais certos.

Releia o terceiro capítulo, PLANEJANDO SEU TERRITÓRIO, quando você estiver preocupado em gerenciar o tempo corretamente e obter o máximo resultado com o mínimo de esforço.

Releia o quarto capítulo, POSICIONAMENTO EM VENDAS, quando for preciso melhorar sua proposta básica de vendas e reavaliar os elementos principais para conseguir uma posição vencedora.

Releia o quinto capítulo, PERSUASÃO, para melhorar seu processo de venda e criar *momentum* nas vendas.

Releia o sexto capítulo, VANTAGENS E DESVANTAGENS, quando for necessário identificar oportunidades para melhorar seu processo de venda em relação à concorrência.

Releia o sétimo capítulo, CONTATO DE VENDAS, para melhorar a qualidade da apresentação de vendas.

Releia o oitavo capítulo, ADAPTANDO-SE À SITUAÇÃO, se for preciso adaptar seu processo ou apresentação a um determinado cliente potencial.

Releia o nono capítulo, LEVANDO O PROCESSO DE VENDAS ADIANTE, quando analisar a evolução de um processo de vendas em andamento.

Releia o décimo capítulo, RELACIONAMENTO COM O CLIENTE, quando você quiser analisar com que tipo de cliente está lidando e se está interagindo com ele de forma correta.

Releia o décimo primeiro capítulo, ESTÁGIOS DE VENDA, quando for preciso entender o estágio atual de um processo de venda em andamento e como lidar com ele.

Releia o décimo segundo capítulo, USANDO O DESEJO, quando formular o argumento básico que apóia suas propostas de venda.

Releia o décimo terceiro capítulo, FAZENDO PERGUNTAS, quando quiser conhecer melhor o cliente e obter mais informações sobre ele.

Apesar de ser relativamente pequeno, este livro contém informações mais valiosas a respeito de boas práticas de vendas do que outras publicações que são duas ou até três vezes mais volumosas. Não espere gostar de todos os princípios em uma única leitura, mas o tempo que se passa estudando o sistema de Sun Tzu é sempre bem investido.

Ler e reler este livro é apenas o primeiro passo para dominar o mundo da filosofia da competição em que o guerreiro atua.

Gary Gagliardi

出其不意
未戰而廟算不勝者
少算不勝 而況於无算乎

Introdução

Os Conceitos Básicos de Sun Tzu

Sun Tzu desenvolveu o sistema de competição mais completo e poderoso de todos os tempos. É preciso entender que ele não escreveu o seu livro como uma ferramenta de treinamento para educar os não-iniciados. Em sua época, as pessoas aprendiam os conceitos básicos de uma escola de pensamento diretamente com um mestre, ao vivo. Os livros eram complementos. Eles eram concebidos para estudo depois que os conceitos básicos, as metáforas e as analogias haviam sido compreendidos. Por isso, é difícil para o leitor médio apreender com facilidade o texto de *A Arte da Guerra*. O propósito desta introdução é tratar desse problema específico.

Quase todos os conceitos da obra de Sun Tzu referem-se ao *sistema de cinco elementos* apresentado na primeira seção deste primeiro capítulo. Esses cinco elementos – a filosofia, o firmamento, o terreno, o líder e os métodos – fornecem a espinha dorsal de sua abordagem da competição. Todos os outros componentes desse sistema – logro, unidade, conhecimento e assim por diante – estabelecem relações lógicas e muito específicas com esses cinco elementos. A profundidade e a sofisticação do sistema são mais bem compreendidas se você dedicar algum tempo à exploração dessas relações antes de ler o texto.

Começando pelos cinco elementos, Sun Tzu ensinou que toda situação de competição depende da posição especial de um competidor dentro do ambiente competitivo mais amplo. A unidade de competição é aglutinada por aquilo que Sun Tzu denominou a sua filosofia. Os cinco elementos, portanto, são mapeados em três camadas, com o ambiente competitivo mais amplo do lado de fora, uma unidade competitiva dentro dele e a filosofia de competição fornecendo o cerne da unidade competitiva.

O foco no ambiente competitivo foi uma característica específica da obra de Sun Tzu, pelo menos até o surgimento de Darwin. Assim como ocorre com tantos conceitos básicos de Sun Tzu, o ambiente é descrito como duas metades opostas, mas complementares, o *firmamento* (*céu*) e o *terreno* (*terra*). O firmamento e o terreno marcam juntos o tempo e o lugar em que a competição ocorre.

O *firmamento* representa o momento oportuno da competição, mas ele descreve com mais exatidão a mudança, freqüentemente traduzida como "clima" no texto original. É melhor pensar em firmamento como as tendências que mudam com o tempo. O clima e o ciclo das estações são os aspectos mais evidentes do céu cambiante no campo de batalha físico. No ambiente de negócios, as tendências econômicas e os ciclos de negócio desempenham exatamente o mesmo papel.

O *terreno* é, ao mesmo tempo, o lugar onde lutamos e aquilo por que lutamos. Ele é o território no qual ocorre a batalha competitiva. Em termos de negócios, podemos pensar no terreno como o mercado. Ao contrário do firmamento, que está totalmente fora do nosso controle, o aspecto mais importante do terreno é que escolhemos a posição que ocuparemos nele. Escolher posições, movimentar-se nelas e utilizá-las formam a base principal dos métodos competitivos de Sun Tzu.

Em seguida, dentro do ambiente competitivo mais amplo, fica o competidor ou a unidade competitiva. Essa é a camada do meio do modelo de Sun Tzu. A unidade competitiva é caracterizada pela sua posição dentro do ambiente de competição e pelas suas forças comparativas em relação às outras unidades que competem na mesma arena. Assim como o ambiente, a unidade competitiva é definida por suas duas metades: o *líder* e os *métodos*. O objetivo básico do texto de Sun Tzu é fornecer métodos para líderes.

O *líder* é a pessoa que encabeça a unidade competitiva e, o que é mais importante, a pessoa que toma as decisões. A liderança é o domínio do caráter e da ação individual. Um líder domina a estratégia de competição para tomar as decisões certas com rapidez.

Os *métodos* são as técnicas de organização. Embora os métodos de Sun Tzu possam ser utilizados por uma única pessoa, eles são, por definição, o domínio da ação em grupo. Os líderes tomam decisões como indivíduos, mas é o efeito dessas decisões sobre o grupo que torna a organização eficaz.

Unindo essas duas metades da unidade competitiva e subjazendo a elas, encontra-se a sua camada interior, a sua *filosofia*. A *filosofia* é a idéia específica em torno da qual se organiza uma unidade competitiva específica. Nos negócios, o nome que lhe damos é missão ou propósito da empresa. Uma filosofia central fornece unidade e foco a um competidor individual ou a uma unidade competitiva maior. Ela aglutina a organização competitiva e define o seu relacionamento com o mundo externo. Ela é um objetivo compartilhado. Como força unificadora, a filosofia não se divide em duas metades, mas deve tratar das divisões naturais dentro da unidade competitiva e do ambiente competitivo.

Esse *modelo de cinco elementos* forma a base para o entendimento dos demais conceitos e métodos de competição de Sun Tzu.

Por exemplo, quatro tipos diferentes de habilidades ambientais são mencionados muitas vezes em todo o texto. Essas habilidades são *conhecer, prever, movimentar-se* e *posicionar-se*. Elas são mais bem compreendidas como as relações entre as duas metades da unidade competitiva e as duas metades do ambiente competitivo.

Os líderes, como indivíduos, precisam das habilidades de *conhecer* e *prever*. *Conhecer* vem do conhecimento do terreno competitivo. De muitas maneiras, esse é o ponto de partida de todas as outras habilidades. Ele é amplamente tratado no primeiro e no último capítulos. Conhecer leva a prever. *Prever* significa combinar o conhecimento do terreno com as observações do firmamento, isto é, das tendências no decorrer do tempo. Prever é especificamente a habilidade de detectar oportunidades antes que os outros o façam.

As habilidades metodológicas das organizações são *movimentar-se* e posicionar-se. *Movimentar-se*, especificamente, significa a habilidade de mudar de posição para obter vantagem com uma nova oportunidade. É o método de considerar o firmamento na utilização das oportunidades.

Ele advém da previsão. O posicionamento flui naturalmente da movimentação. Ele é o método de utilização da posição do terreno. O posicionamento é a base de todo o sucesso.

No sistema de Sun Tzu, essas quatro habilidades criam um círculo sem fim. Conhecer leva a prever. A previsão necessita de movimentação. A movimentação fornece o posicionamento. O posicionamento reforça o conhecimento. As habilidades de liderar, conhecer e prever são habilidades mentais. As habilidades metodológicas, movimentar-se e posicionar-se, são habilidades materiais. O ciclo também é um ciclo econômico, com a previsão e a movimentação representando a parte do custo do ciclo, e o posicionamento e o conhecimento, a parte de recompensa do ciclo.

Um fato interessante é que, no texto, Sun Tzu discute amplamente essas habilidades externas, mas nunca as enumera juntas. Uma possível razão é que, na cultura chinesa, a palavra "quatro" é considerada de mau agouro porque é um homônimo da palavra "morte". Assim, essas habilidades externas, ou são tratadas separadamente, ou são mencionadas juntas, em grupos de três. Nas últimas referências, duas habilidades são combinadas para formar a terceira. O conhecimento geralmente é combinado com o posicionamento como *atuação*.

As quatro habilidades externas também são freqüentemente mencionadas por meio de metáforas. O conhecimento é mencionado como um som. O trovão, a música e os tambores constituem metáforas para o conhecimento. A previsão é descrita como visão. Cores, raios e assim por diante são metáforas de previsão. A movimentação é a marcha. Marchar para uma nova posição é a quintessência da ação. O posicionamento é descrito de várias maneiras, como coletar alimentos, construir, comer, cavar e assim por diante. O que tudo isso tem em comum é que, na língua chinesa, todas essas ações utilizam ideogramas que envolvem a mão humana e, portanto, são tarefas manuais.

Sun Tzu também descreve duas habilidades internas: *unir* e *enfocar*. Embora esses conceitos estejam separados na língua inglesa, na chinesa eles estão intimamente relacionados. No sistema de Sun Tzu, ambos surgem diretamente do elemento da filosofia e da relação que esse elemento estabelece com o líder e os seus métodos. *Unir* aglutina a organização. *Enfocar* concentra esforços numa única área. Ambos determinam a força competitiva. A força é especificamente definida por sua unidade, e não pelo seu tamanho.

Quando você passa a entender essas habilidades internas e externas, as cinco formas-padrão de ataque de Sun Tzu ficam claras. Cada uma delas – *surpresa, logro, batalha, ocupação e divisão* – visa especificamente a uma habilidade oposta. A *surpresa* solapa o conhecimento. O *logro* prejudica a visão de um oponente. A *batalha* vai contra a movimentação de um oponente. O *cerco* tenta alterar uma posição. A *divisão* rompe a unidade e o foco. De muitas maneiras, essas relações definem melhor a natureza desses ataques do que os termos que utilizamos, que mal se aproximam dos conceitos que Sun Tzu desenvolveu na sua obra. Isso se vê melhor no caso do logro, que não se refere à mentira ou à desonestidade, mas a um ataque agressivo das expectativas que as pessoas têm do futuro, que está intimamente relacionado com um ataque enquanto os outros estão fazendo planos.

Também há uma categoria especial de ataque – o ataque ambiental – que é discutida no capítulo doze. Os ataques ambientais alavancam o ambiente contra a competição de maneiras específicas que acompanham as cinco formas básicas de ataque. Porém, o problema dessa categoria é que ela fica fora da competição normal porque ela não é um ataque "normal" à habilidade.

Para obter uma perspectiva do sistema de elementos, habilidades e ataques de Sun Tzu, você pode analisar o diagrama que precede esta introdução. Esse diagrama resume os métodos de Sun Tzu num mapa gráfico tradicional. Mapas como esse são normalmente usados em todas as ciências da China antiga. Compreende-se melhor os conceitos de Sun Tzu dentro do contexto das relações que ele estabelece no seu sistema completo.

Capítulo 1

計

Análise de Vendas

Embora Sun Tzu tenha denominado o seu primeiro capítulo 計, em chinês, que se traduz como "planejar" ou "fazer o planejamento", o seu significado se aproxima muito daquilo que chamaríamos análise da concorrência. Para um vendedor, essa forma de análise estratégica de vendas tem um valor inestimável.

Na primeira seção do capítulo, Sun Tzu descreve os principais componentes que formam os sistemas de competição.

Na seção seguinte, ele descreve como comparar diretamente a sua situação competitiva com a dos seus concorrentes.

Ele enfatiza, na próxima seção, a necessidade de boas informações, especialmente de informações externas, para que se realize a análise da competição.

Na seção que se segue, a discussão vai do valor das informações para o valor do controle das informações, ou aquilo que Sun Tzu denomina "a utilização do logro". Com "logro", ele não quer dizer desonestidade – ao contrário, a honestidade é uma das características necessárias a um líder. A sua idéia de logro combinaria muito melhor com a de controlar conscientemente as percepções das outras pessoas.

Na seção final do capítulo, Sun Tzu apresenta a idéia de que a análise da competição é uma arte quantitativa: um equilíbrio entre prós e contras.

Todas essas idéias são tratadas com mais detalhes nos últimos capítulos, mas aqui ele fornece um panorama introdutório.

Análise de Vendas

1 Assim é a natureza das vendas:
É a habilidade mais importante em qualquer tipo de negócio.
Pode fazer você ficar rico ou pobre.
Pode trazer-lhe sucesso ou fracasso.
Você precisa conhecer tudo sobre a arte de vender.

Sua habilidade depende de cinco fatores.
Leve-os em consideração quando estiver analisando uma venda.
Você precisa conhecer sua proposta de venda:

1. Analise sua filosofia de vendas.
2. Analise sua atitude.
3. Analise seu mercado.
4. Analise sua liderança.
5. Analise seu processo de venda.

Tudo começa com sua filosofia de venda.
Quando você está vendendo, deve sempre fazer isso de forma a compartilhar dos objetivos de seus clientes.
Você vai compartilhar do fracasso deles.
Vai compartilhar do sucesso deles.
Com essa filosofia, você não precisa temer seus clientes ou mentir para eles.
Em seguida, vem sua atitude.

Ela pode ser positiva ou negativa.
Você pode interessar-se pelas pessoas ou ser indiferente a elas.
Sua atitude muda com o passar do tempo.

Depois, vem o mercado.
Ele pode ser disperso ou próximo.
Pode ser complexo ou simples.
Seus clientes potenciais podem ter uma mentalidade aberta ou fechada.
O sucesso ou o fracasso depende da escolha do mercado certo.

O próximo fator é a liderança.
Você precisa ser inteligente, honesto, prestativo, corajoso e disciplinado.

Finalmente, você precisa do processo de venda certo.
Ele depende da empresa para a qual você está vendendo.
Você deve sempre controlar o processo de venda.
Precisa entender bem seus clientes.

Esses cinco fatores são fundamentais.
Precisam ser reavaliados constantemente.
O entendimento desses fatores determinará seu sucesso.
Negligencie qualquer um deles, e o fracasso é certo.

2 A análise revela o que é importante na hora de vender.
Você precisa fazer muitas perguntas.

Você deve perguntar-se:
O produto que a empresa oferece é bom?
Tenho as habilidades necessárias para ser um bom vendedor?
Sei a hora certa de fazer a venda para o cliente?

Qual processo de venda é mais adequado para o cliente?
Que pontos são importantes para o cliente?
Sei mais do que meus concorrentes?
Quais vendas darão dinheiro?
As respostas revelam em quais vendas você ganha e em quais você perde.
Aja de acordo com essa análise.
Se você usá-la, vai se sair bem.
Terá uma carreira bem-sucedida em vendas.
Muitos vendedores esquecem dessa análise.
Se você não utilizá-la, seus esforços serão inúteis.
Sua carreira na área de vendas será curta.

3 É ouvindo que você identifica os interesses de seus clientes.
É ouvindo que você influencia seus clientes.
Ouvir facilita a venda.
Ouvir significa poder.
Entenda o que os clientes querem e você conseguirá direcioná-los.

4 Há um segredo na arte de vender.
Você precisa controlar as percepções de seus clientes.

Se você está em vantagem, precisa parecer humilde.
Se está com dificuldades, deve aparentar calma.
Se tem certeza, deve aparentar dúvida.
Quando está em dúvida, deve aparentar confiança.

Se seus clientes se mostram confiantes, atraia-os.
Se estão confusos, é hora de mostrar sua liderança.
Se são bem-sucedidos, aprenda com eles.
Se seus clientes potenciais não precisam de você, desista.

Se seus clientes empolgam-se facilmente, então trate de empolgá-los.
Se são inseguros, dê-lhes segurança.
Se é fácil lidar com eles, poupe seus esforços.
Se são intransigentes, quebre sua resistência.
Proponha a venda quando eles menos esperam.
Mude sua oferta para surpreendê-los.

Você precisa de clientes que precisem de você.
Jamais os ignore.

5 Antes de fazer a venda, você precisa ter certeza de que o cliente vai comprar o produto.
Ele deve ter boas razões para comprar.
Antes de perder seu tempo, é possível perceber quando você não vai conquistar o cliente.
Você pode descobrir que há pouquíssimas razões para ele comprar.
Se há boas razões, você conquista o cliente.
Se há poucas razões, perde seu tempo.
Como você pode priorizar as ações sem analisá-las?
Você consegue saber onde está fazendo perguntas.
Prevê se vai conseguir vender ou não por meio da análise.

Capítulo 2

作戰

Decidindo Vender

Depois de apresentar os elementos-chave da competição, Sun Tzu enfoca as conseqüências econômicas da guerra. Ele não define a vitória como simplesmente vencer batalhas, define o sucesso especificamente em termos de fazer a vitória compensar. Esse enfoque econômico é uma das razões pelas quais essa estratégia funciona tão bem no atual mundo dos negócios. Se você pretende ser um bom vendedor, precisa levar em conta os ensinamentos econômicos deste capítulo quando decidir se deseja realmente exercer essa profissão.

Sun Tzu começa discutindo o custo debilitante da competição e o modo como o dinheiro é desperdiçado.

A breve seção a seguir descreve o custo total e a recompensa total da competição como imprevisíveis. Sun Tzu, portanto, aconselha a minimizar as despesas, reduzindo-as ao estritamente necessário.

Sun Tzu então comenta o efeito que a distância exerce no custo. Ele explica por que as organizações que são incapazes de controlar os custos estão condenadas ao fracasso.

Depois, ele mostra qual é sua estratégia para controlar os custos: todo empreendimento competitivo deve se pagar o mais direta e rapidamente possível. Ele denomina essa estratégia "alimentar-se do inimigo".

Na seção final do capítulo, Sun Tzu defende que a habilidade de controlar os custos é o segredo de uma empresa estável e que isso depende do conhecimento de seu líder.

Decidindo Vender

1 Tudo depende de sua filosofia de vendas.
É caro locomover-se até os clientes.
Leva tempo formar um território.
Você quer que sua empresa lhe dê muito apoio.
Quer receber muito dinheiro a título de adiantamento.
Isso exige um grande investimento da empresa.
Isso consome os recursos de outras áreas.
Você quer os melhores recursos para vendas.
Quer que os outros apóiem seus esforços.
As outras áreas reclamam dos adiantamentos que os vendedores recebem.
Você demora a vender quando pode contar com adiantamentos em relação a vendas futuras.

Se você demora a vender, isso acaba saindo caro e não compensa.
Um vendedor displicente sempre perde para um vendedor ambicioso.
Se você fica muito tempo sem vender, acaba desanimando.
Ciclos de vendas longos, que consomem tempo, energia e recursos, são um erro.

O que acontece quando você é displicente?
Perde a venda para a concorrência.
O que acontece quando perde o entusiasmo?
Não tem forças para prosseguir.
Quando seu esforço para vender diminui, você abre espaço para a concorrência.
Não importa o quanto você se considere inteligente.
Você não consegue alcançar a concorrência quando já ficou para trás.

Às vezes, você pode conduzir o processo de venda rápido demais.
Mas, quanto maior o ciclo de venda, mais chances você tem de falhar.

Ou você tenta ir mais devagar ou se sair bem.
É impossível ter as duas coisas ao mesmo tempo.

2 Você nunca tem todas as garantias contra o fracasso quando se trata de vender.
Portanto, não há limites quanto ao sucesso que você pode conseguir.

Você quer fazer bom uso de seus esforços de vendas.
Não peça constantemente para ter mais clientes potenciais ou para cobrir um território maior do que você consegue.
Não peça mais recursos o tempo todo.
Atenda às necessidades de sua empresa.
Consiga fazer a venda para os clientes o mais rápido possível.
Limite-se apenas aos recursos realmente necessários.

3 Vender para clientes potenciais em mercados distantes sai caro para você e para sua empresa.
A tentativa de abrir novos mercados leva muitas empresas ao fracasso.
Mas vender para mercados saturados, com muita concorrência, também é arriscado.
Esses altos riscos também podem levar a empresa ao fracasso.
Quando as vendas vão mal, a empresa tem de aceitar pedidos de valor questionável.
Diminuir os preços acaba totalmente com sua credibilidade.
Como vendedor, se você diminui o preço para fazer uma venda, não lucra nada.

Muitas empresas acabam fracassando.
Sete em cada dez novas empresas fracassam num prazo de dois anos.
Os proprietários perdem o investimento que fizeram.
Os vendedores precisam procurar outro emprego.
Você deixa de lado o conhecimento que adquiriu.
Espera encontrar uma nova utilidade para suas idéias e habilidades.
Desperdiçou todos os seus esforços tentando formar um novo território.
Seis em cada dez vendedores acabam optando por outra carreira.

4 Por essas razões, você deve gerar receita vendendo para os clientes já existentes.

Ganhe um dólar em comissões.
Ele vale vinte dólares em relação a salários ou adiantamentos.
Ganhe um dólar fechando um negócio hoje.
Ele vale vinte dólares em relação ao potencial de amanhã.

Venda com decisão.
Você precisa conseguir o dinheiro de seu cliente o quanto antes.

Empenhe-se o máximo para conseguir a sua conta.
Faça a venda oferecendo benefícios incontestáveis.
Recompense os clientes que compram primeiro de você.
Use esses clientes para lhe trazerem outros.
Baseie sua apresentação comercial no sucesso que conseguiu com outros clientes.
O seu sucesso é o sucesso do cliente.
Isso é o que significa ajudar o cliente e, ao mesmo tempo, ajudar a si próprio.

5 Seu sucesso depende das vendas que você faz.
Evite ciclos de venda longos.
Como vendedor, sua habilidade é que faz a diferença.
Boas vendas fortalecem seu produto e sua empresa.
Sua habilidade como vendedor é que determina se é fácil ou difícil vender o produto.

Capítulo 3

謀攻

Planejando Seu Território

O tema central deste capítulo refere-se à unidade e ao foco, e ao efeito que ambos exercem na força relativa de uma organização. Se você está pensando seriamente em ter uma carreira bem-sucedida em vendas, este capítulo vai lhe mostrar como concentrar seus esforços em seu território.

Na primeira seção do capítulo, Sun Tzu diz que a unidade e o foco são necessários em todos os níveis de uma organização. O objetivo da unidade não é vencer batalhas, mas ter sucesso sem que haja batalha.

Sun Tzu então enumera as formas básicas de ataque em ordem decrescente de importância. O texto alerta contra a pior delas: cercar a posição forte do outro.

Na terceira seção, Sun Tzu sugere uma abordagem adicional do sucesso: travar batalhas pequenas, enfocadas, nas quais você detém claramente a vantagem. Ele explica como o poder relativo das forças competitivas determina a sua tática básica.

O texto então adverte contra as divisões políticas dentro de uma organização e o modo como essas divisões solapam a sua força competitiva.

Depois, Sun Tzu detalha as cinco áreas de conhecimento que determinam a sua capacidade de unir e concentrar suas forças.

Ele termina com um alerta a respeito dos perigos que você correrá se calcular mal a força relativa da sua organização para enfrentar a competição.

Planejando Seu Território

1 Tudo depende de sua habilidade como vendedor.
Uma empresa que tem foco é forte.
Uma empresa que dispersa seu foco é fraca.
É mais fácil vender uma única linha de produtos.
É difícil vender muitas linhas diferentes de produtos.
Um esforço concentrado dá melhores resultados.
Um esforço dividido não surte efeito.
Um território pequeno é forte.
Um território disperso é fraco.
Uma mensagem uniforme atinge seu objetivo.
Uma mensagem dispersa não funciona.
Você pode encontrar inúmeras objeções e até conseguir superá-las para fazer a venda.
Isso não faz de você um grande vendedor.
Você quer vender sem que haja uma única objeção.
Esse é seu maior objetivo.

2 O melhor é vender antes que seu cliente potencial comece a comprar.
O segundo melhor método é vender por meio de indicações.
O terceiro melhor método é mostrar que o seu produto tem mais valor que os dos outros.
O pior método é criticar as decisões anteriores que o cliente tomou.

O que acontece quando você tenta mudar a opinião dos clientes?
Cria uma resistência que o prejudica.
Em primeiro lugar, você precisa preparar argumentos contra as decisões dos clientes.
Precisa encontrar um meio de mudar a opinião deles.
Isso pode levar meses.
Precisa ser persistente para conseguir que eles mudem de idéia.
Depois de meses de conversa, muitos clientes potenciais ainda não terão mudado de idéia.
Quando você não consegue chegar a um acordo, fica frustrado.
Tenta fazer pressão para que os clientes concordem.
Perde um tempo precioso tentando convencê-los.
O resultado é que você não consegue fechar negócios.
Essa abordagem é um fracasso.

3 Use bem seu tempo.
Você pode conquistar novos clientes.
Pode conseguir isso sem uma única objeção.
Pode roubar clientes de outros fornecedores.
Você não precisará ir diretamente contra as decisões anteriores tomadas pelos clientes.
Pode concentrar-se em evitar a resistência deles.
Você deve encontrar formas de conquistá-los rapidamente.

Em vendas, você investe tudo para conquistar um cliente.
Nunca pare de tentar vender quando estiver com um cliente potencial.
Se você tiver foco, pode levar vantagem.
Para isso, é preciso planejar a estratégia de vendas.

As regras para conquistar clientes são:

Se seu produto for dez vezes melhor do que o da concorrência, simplesmente anote os pedidos.

Se seu produto for cinco vezes melhor do que o da concorrência, pode contar que vai vender.

Se seu produto é duas vezes melhor do que o da concorrência, escolha clientes potenciais melhores.

Se seu produto é igual ao da concorrência, venda apenas para os melhores clientes potenciais.

Se seu produto é inferior ao da concorrência, procure um mercado em que os concorrentes não atuem.

Se seu produto é muito inferior ao da concorrência, procure nichos de mercado.

Pequenas empresas não conseguem vender para grandes mercados.

Contudo, grandes empresas não conseguem atender nichos de mercado.

4 Como vendedor, você controla seu território.

Seu território deve apoiá-lo.

Você é forte quando seu território é bem administrado.

Você fica vulnerável quando seu território é mal administrado.

Um território mal administrado traz três tipos de problemas para os vendedores.

Por não saber quais são os melhores clientes potenciais, você tenta atirar para todos os lados.

Por não saber quais são os piores clientes potenciais, você fica desanimado de ter de vender para qualquer um.

Você fica amarrado.

Por não saber administrar, você quer diferentes clientes potenciais.

Você acha que está no mercado errado.

Isso compromete a eficácia de seus esforços.

Você precisa entender quais são suas prioridades em termos de venda.
Não pode vender quando quiser e para quem quiser.
Isso não cria um relacionamento sólido com os clientes.

Você confunde seus clientes potenciais e gera desconfiança.
Isso é um convite para que a concorrência conquiste seus clientes.
Um território desorganizado destrói suas chances de sucesso.

5 Existem cinco pontos que você precisa saber para conquistar clientes:

1. Para quais clientes potenciais vender e para quais não vender.
2. Quando fechar um grande pedido e quando fechar um pedido pequeno.
3. Como compartilhar os objetivos de seus clientes.
4. Como transformar problemas em oportunidades.
5. Quando trabalhar com seus clientes e quando não interferir.

Conheça muito bem esses cinco pontos.
Então, terá entendido a filosofia do que é ser um bom vendedor.

6 A experiência diz:
Conheça seus produtos e seus clientes potenciais.
Dessa forma, você pode vender em qualquer situação.
Você conhece seus produtos, mas não seus clientes potenciais.
Então, para cada venda que você faz, perde outra.
Você não conhece nem seus produtos nem seus clientes potenciais.
Então, não fará nenhuma venda.

Capítulo 4

形

Posicionamento em Vendas

O conceito de posicionamento de Sun Tzu significa movimentar-se para obter uma nova posição apenas quando uma oportunidade se apresenta. Como vendedor, é possível usar esses conhecimentos diretamente para criar uma proposta de venda diferenciada – um posicionamento em vendas – para você, sua empresa e seu produto.

Sun Tzu começa explicando que você pode não fazer mais nada além de proteger a posição que ocupa; somente o próprio ambiente competitivo é que pode criar novas oportunidades para você.

O texto então explica que o seu sucesso depende, antes de mais nada, da sua habilidade de defender sua posição atual.

Em seguida, ele diz que, quando você vê uma oportunidade (antevisão), deve ser capaz de mover-se para a nova posição e também tirar vantagem dela quando chegar lá.

Então, Sun Tzu fornece uma fórmula simples para você calcular se pode ou não ter sucesso ao ocupar uma nova posição; isso se faz calculando-se o equilíbrio relativo das forças no lugar e no momento da batalha.

Na seção final, Sun Tzu comenta rapidamente a importância crítica do posicionamento para você obter o que quer das pessoas com quem trabalha.

Posicionamento em Vendas

1 Aprenda com o sucesso que conseguiu em outras oportunidades.
Suas primeiras ações devem garantir que você não vai perder a venda.
Analise bem seu cliente potencial para encontrar uma forma de fazer a venda.
Você é a única pessoa que pode criar uma situação que vai pôr tudo a perder.
O cliente é a única pessoa que decide se vai comprar ou não.

Você deve estabelecer relacionamentos.
Assim, você pode impedir que uma venda não se concretize.
Você não pode forçar o cliente a comprar.

Preste atenção no seguinte:
Você precisa enxergar a oportunidade de fazer a venda; você não consegue criá-la.

2 Nem sempre você está em posição de fazer a venda.
Portanto, dê continuidade ao processo.
No final, você estará em posição de fazer a venda.
Então, peça para o cliente fazer o pedido.
Não desista enquanto não estiver nesta posição.
Faça a venda quando tiver certeza de que sua posição está segura.

Você consegue fazer uma venda aos poucos, com tato.
Fale pouco e aprenda sobre o negócio de seu cliente.
Você deve fechar o negócio com decisão.
Exija que o cliente tome uma atitude quando os benefícios estiverem claros para ele.

Continue tentando até ter certeza de que conseguiu fazer a venda.

3 Você até pode saber o que os clientes precisam.
Mas não consegue convencê-los de que é capaz de atender às suas necessidades.
Isso mostra que sua habilidade é limitada.

Você pode sair-se bem em uma negociação difícil que exige um grande esforço de sua parte e receber muitos elogios por isso.
Isso também mostra que sua habilidade é limitada.
Uma boa venda é aquela que se faz sem esforço.
Evite usar todos os seus recursos.
Ter visão é enxergar o que é óbvio.
Não tente achar que há alguma coisa oculta.
Escutar o cliente é mais fácil se você ouvir.
Não imagine o que você quer ouvir.

Aprenda com seus esforços bem-sucedidos.
Para fazer um bom negócio, é preciso ter seu trabalho facilitado.
Um bom negócio é aquele que você simplesmente supõe que vai conseguir fechar.
Você é tolo se quer apenas tornar seu nome conhecido.
Evite o conflito se quer realmente ter sucesso em vendas.

Você quer fazer a venda sem entrar em choque com seu cliente potencial.
Evite conflitos.
Faça a venda quando tiver certeza de que sua posição está segura.
Venda para clientes que já se convenceram.

Você deve apenas tentar vender para clientes que sabe que pode conquistar.
Posicione-se onde não pode perder uma venda.
Espere a oportunidade e, então, peça para o cliente fazer o pedido.

Em primeiro lugar, você deve saber que o cliente potencial precisa de seu produto.
Só então pede para ele tomar uma decisão.
Nunca exija uma decisão antes de ter certeza de que vai fazer a venda.

4. Você deve usar bem seu tempo.

Analise sua situação de forma objetiva.
Sua disciplina é que determina seu sucesso ou seu fracasso.

O processo de venda requer:

1. Discussão sobre as qualificações do cliente.
2. Discussão sobre as necessidades do cliente.
3. Discussão sobre o valor do produto.
4. Discussão sobre sua proposta.
5. Discussão sobre a finalização da venda.

Os clientes determinam suas qualificações.
Suas qualificações determinam suas necessidades.
Suas necessidades determinam o valor do produto.
O valor do produto determina a proposta que você irá fazer.
Sua proposta determina como a venda é finalizada.

Você faz a venda quando os clientes sabem que estão recebendo mais do que dando.
Você perde a venda se eles percebem que estão dando mais do que recebendo.

5 Você deve estar totalmente confiante quando estiver fazendo uma venda.
O valor dos benefícios para o cliente deve ser claro e inquestionável.
Isso é uma questão de posicionamento em vendas.

Capítulo 5

勢

Persuasão

O tópico central deste capítulo é a criatividade. Ao utilizar abordagens criativas com práticas-padrão, você cria aquilo que Sun Tzu denomina momentum. Em vendas, o conceito de *momentum* de Sun Tzu é uma grande ferramenta de persuasão.

Sun Tzu começa explicando que a ação – a combinação de movimentação e posição – pode ser previsível ou surpreendente.

Na seção seguinte, ele explica que a previsibilidade e a surpresa, isto é, a inovação, dependem uma da outra. Há um número infinito de caminhos para a inovação. Ele utiliza as metáforas da música, da cor e do sabor para ilustrar isso. Essas metáforas dizem respeito ao conhecimento, à antevisão e ao posicionamento, respectivamente.

Sun Tzu então contrapõe as idéias de *momentum* e momento oportuno. O *momentum* significa criar pressão, enquanto o momento oportuno libera essa tensão no tempo certo.

O texto então analisa a natureza caótica de todos os ambientes competitivos. Embora você não possa eliminar esse caos, pode controlá-lo planejando as suas surpresas ou inovações no momento certo.

Na seção final, a pressão do *momentum* é explicada em termos do efeito que ele provoca nas outras pessoas e na atitude delas.

Persuasão

1 Uma venda complexa é igual a uma venda simples.
Você precisa apenas dividir seu tempo entre mais pessoas.
A venda é igual tanto para grandes quanto para pequenas empresas.
O que você precisa é entender a organização dessas empresas.
Pode ser que você encontre concorrentes maiores.
Você pode enfrentá-los e nunca deve perder uma venda para eles.
É só utilizar métodos criativos e métodos-padrão.
Juntos, eles aumentam sua influência sobre um cliente potencial.
Você deve atacar os pontos fracos de seus concorrentes.
Deve conhecer tanto seus pontos fortes quanto seus pontos fracos.

2 No processo de venda, você deve usar abordagens-padrão ao fazer contato com o cliente potencial.
Sua criatividade é que faz você concluir a venda.

Você deve usar sua criatividade para ser bem-sucedido em todas as vendas.
A criatividade capitaliza as condições peculiares da situação.
Uma venda nunca é exatamente igual à outra.

Se você é criativo, pode ser rejeitado e ainda voltar à carga.
O fracasso de ontem torna-se a nova abordagem de amanhã.

Se você é criativo, pode perder uma venda e ainda se recuperar.
Você perde em um dia e volta no outro.

Há apenas algumas técnicas básicas de vendas.
Mas você pode combiná-las de várias formas.
Você sempre pode encontrar uma forma melhor de vender.

As pessoas tem apenas algumas necessidades básicas.
Mas cada uma as vê de forma diferente.
Você deve sempre descobrir qual é o ponto de vista específico do cliente potencial.

Há apenas alguns tipos de valor.
Mas eles mudam de acordo com a pessoa, de acordo com o momento.
Você pode descobrir novos benefícios nos clientes.

Você faz uma venda por meio da persuasão.
Usa apenas algumas técnicas criativas e técnicas-padrão.
Mas você pode combiná-las para customizar cada processo.
Não há limites quanto às formas de se conseguir fazer uma venda.
As técnicas criativas e as técnicas-padrão complementam-se.
Você deve usar ambas, conforme a necessidade.
Dessa forma, ninguém conseguirá superá-lo.

3 A criatividade confere impacto às idéias.
A força de suas idéias pode acabar com qualquer resistência.
Isso é persuasão.

Você faz a venda aproveitando o momento oportuno.
Sugerir que o cliente faça o pedido no momento certo quebra sua resistência.
Isso é saber fechar um negócio.

O sucesso em vendas depende de sua habilidade.
Sua criatividade deve ser capaz de convencer o cliente.
Você deve saber a hora exata de fechar o negócio.

A persuasão deve aumentar a tensão durante a venda.
Quando se faz a venda, essa tensão deve dispersar-se imediatamente.

4 As vendas sempre são complicadas e confusas.
Vender é algo caótico.
Sua função é pôr ordem no caos.

Sua posição durante a venda nunca está clara.
Ela muda constantemente.
Mas nunca perca a venda.

Se seu cliente está confuso, dê-lhe esclarecimentos.
Se seu cliente está em dúvida, transmita-lhe confiança.
Se seu cliente é fraco, mostre sua força.

Você deve esclarecer o que está confuso.
Isso depende de sua análise.
Você deve eliminar a incerteza.
Isso depende de sua capacidade de persuasão.
Você tem pontos fortes e pontos fracos.
Eles advêm de sua posição.

Cabe sempre a você tomar a iniciativa para dar continuidade ao processo de venda.
Faça outras propostas.
Seus clientes devem pensar sobre elas.
Ofereça-lhes alguma coisa que não implique riscos.
Eles vão aceitar.
Você pode fazer uma oferta promocional para que eles se decidam.
Pode usar suas idéias para motivá-los.
Pode mostrar sua confiança para evitar que eles tomem uma decisão errada.

5 Você pode criar a situação perfeita para fazer a venda.
Para isso, deve aumentar sua influência sobre o cliente.
Você não pode exigir que o cliente compre.

Você faz uma ótima proposta e, então, usa de persuasão.
Você deve continuar com o processo de venda.
Isso se faz mantendo a atenção do cliente potencial.
Uma tarefa deve naturalmente levar à outra.
O processo de venda faz com que elas fluam.
O fato de estarem satisfeitos com o *status quo* impede os clientes de agir.
Os problemas os forçam a tomar uma atitude.
Informações consistentes chamam a atenção deles.
Forneça informações aos clientes, e eles agirão.

É com a persuasão que você ganha força na negociação.
Você quer que tudo caminhe para uma decisão que lhe seja favorável.
Use sua persuasão.

Capítulo 6

虛實

Vantagens e Desvantagens

Os dois conceitos opostos e complementares que constituem o tema deste capítulo são difíceis de se traduzir. O primeiro significa fraqueza, mas também significa pobreza e vazio. O segundo significa força, mas também riqueza e plenitude. Como vendedor, você pode usar as técnicas mostradas neste capítulo para obter uma vantagem para si no processo de venda e deixar a concorrência em desvantagem.

Sun Tzu começa a esclarecer essa idéia complexa explicando que um exército que chega a um campo de batalha vazio é naturalmente mais forte do que um exército que vai para uma área ocupada por outras forças.

Ele então desenvolve essa idéia, explicando que o deslocamento pelo terreno vazio é mais rápido e que tanto o ataque como a defesa são mais fáceis quando se está trabalhando contra o vazio ou a fraqueza.

Sun Tzu então explica a necessidade de um exército manter segredo ao deslocar-se para as áreas que não estão defendidas.

Ele sugere como se enfocam as forças contra as fraquezas nas formações de oposição mantendo-se os planos em segredo.

Em seguida, ele estende a discussão para fazer considerações sobre o modo como o sigilo cria oportunidades para se explorar a fraqueza.

Sun Tzu então resume a fraqueza e a força, aplicando esses conceitos ao planejamento, à ação, à posição e à batalha.

Na seção final, ele explica como uma boa estratégia significa seguir o caminho da menor resistência.

Vantagens e Desvantagens

1 Você quer levar vantagem e conquistar o cliente antes da concorrência. Evite vender para clientes potenciais junto aos quais o concorrente já tem presença consolidada.

Seu único objetivo é fazer a venda.
Aproveite seu tempo; não o desperdice com a concorrência.

Você pode fazer os clientes virem até você.
Deve atraí-los com benefícios diferenciados.
Pode pôr um fim aos ataques dos concorrentes.
Deixe bem claro que eles estão perdendo o tempo deles.

Se os clientes potenciais estão confortáveis, tire-os de seu conforto.
Se estiverem satisfeitos, faça-os querer mais.
Se estiverem apáticos, faça-os reagir.

2 Abandone gradualmente uma posição conquistada.
Delimite os mercados rapidamente antes que os concorrentes o façam.
Você pode fazer progresso em qualquer venda com facilidade.
Para isso, deve descobrir possibilidades inexploradas.
Certifique-se de que vai fechar qualquer negócio que tentar.
Para tal, procure clientes potenciais que precisam de você.
Mantenha os clientes que já conquistou.
Não deixe nenhuma necessidade para a concorrência satisfazer.

Você precisa de habilidade para conquistar clientes.
Atenda às necessidades que os concorrentes ignoram.

Você precisa de habilidade para manter clientes.
Não deixe necessidades não atendidas para os concorrentes explorarem.

3 Você deve ser sutil quanto às suas intenções.
Não deixe que os clientes suponham que sabem o que você está oferecendo.
Você não deve abrir totalmente suas propostas.
Não deixe que os concorrentes saibam com quem você está trabalhando.
Você deve usar sua habilidade para controlar a opinião de seus clientes.

Vá em frente onde os clientes não podem lhe opor resistência.
Concentre-se nas áreas em que eles precisam de ajuda.
Abandone rapidamente qualquer idéia que gere conflito.
Mude sua posição de modo que os clientes não possam lhe contestar.

Escolha em que situações vender.
Os clientes podem ser reservados e se protegerem.
Você não deve oferecer seu produto diretamente.
Ao contrário, identifique os objetivos de seus clientes e se concentre nisso.
Evite conflitos no processo de venda.
Você pode impedir que seus clientes sejam assediados por qualquer concorrente.
É só não deixar nenhuma necessidade para a concorrência atender.
Afaste a concorrência de modo que ela não venha atrás de seus clientes.

4 Saiba qual a posição de seus clientes e mantenha-se flexível.
Identifique algumas áreas em que os clientes têm necessidades.
Quando você tem foco, fica mais forte.
Quando os clientes dividem a atenção, eles criam necessidades.
Você deve concentrar toda sua atenção nas necessidades deles.
Use seu tempo onde os clientes não o fizeram.
Use seu conhecimento para suprir as informações que eles não possuem.
Você deve dar uma idéia de cada vez para ajudar os clientes.
Deve conduzi-los passo a passo.

5 Você não deve revelar quais seus clientes potenciais, seus planos e suas propostas.
Seus concorrentes não devem saber nada a respeito disso.
Force-os a defender-se contra qualquer possível argumento.
Eles vão dispersar a atenção deles.
Então, você pode escolher em que áreas vai atacá-los.
Eles são incapazes de preparar-se para defender essas áreas.

Se eles enfocam preço, perdem em qualidade.
Se enfocam qualidade, não conseguem oferecer um preço baixo.
Se enfocam rapidez, perdem em precisão.
Se enfocam precisão, perdem em rapidez.
Sem saber seu foco, eles não podem lutar diretamente com você.
Se reivindicam todas as vantagens, então são fracos em tudo.

Os clientes têm necessidades.
Você deve preparar-se para atendê-las.
Os concorrentes têm pontos fortes.
Tente fazer com que eles ataquem os seus pontos fortes.

6 Você deve conhecer os principais problemas do cliente.
Deve saber quando ele precisa comprar.
Dessa forma, você consegue fazer o negócio apesar da forte concorrência.

Seus concorrentes não devem saber quais são os principais problemas do cliente.
Eles nunca devem saber quando você está tentando fazer a venda.
Deixe que eles vendam boas e más idéias.
As más idéias comprometem as boas.
Deixe que eles vendam atributos importantes e inúteis.
Os atributos inúteis aumentam o custo dos atributos importantes.
Deixe que eles digam que têm um bom produto.

Ainda assim, eles podem não atender às necessidades dos clientes.

Você pode influenciar a percepção de valor na venda.
Seu concorrente pode ter atributos demais para oferecer.
Eles têm algum valor se o cliente não precisa deles?

Preste atenção no seguinte:
Você deve se permitir fazer a venda.

A concorrência pode ter muito mais recursos.
Mesmo assim, você pode controlá-la sem um confronto direto.

7 Quando você faz um planejamento, conhece os pontos fortes e fracos de seus clientes.
Nas reuniões, presta atenção quando precisa convencer e quando precisa ouvir.
Quando assume uma posição, sabe o que é e o que não é importante para os clientes.
Quando vende, percebe que está concentrando-se em muitas ou poucas necessidades dos clientes.

A melhor política para qualquer vendedor é ser flexível.
Não vá para uma negociação com uma oferta-padrão.
Evite fazer uma proposta inicial.
Dessa forma, os concorrentes não podem criticá-la.
Você pode derrotá-los se eles não souberem o que esperar.
Assuma uma posição quando você vir uma oportunidade de usar sua influência.
Deixe seus concorrentes no escuro.
A equipe de vendas de seus concorrentes pode tomar conhecimento de sua proposta quando ela já tiver sido aceita.
Eles nunca devem saber por que sua proposta é tão boa para o cliente.
Garanta que sua proposta não possa ser facilmente melhorada por eles.
Você deve adaptar suas propostas aos principais problemas do cliente.

8 Você deve permanecer flexível durante o processo de vendas.
Como a água, você pode tomar qualquer forma.
A água corre naturalmente da nascente para a foz.
Você pode adaptar-se a qualquer situação.
Deve evitar os pontos fortes e atacar os pontos fracos.
A água assume a forma da terra que direciona o seu fluxo.
Você baseia-se nas necessidades de seus clientes para criar sua oferta.

Você deve evitar uma apresentação comercial rígida.
A água não tem uma forma consistente.
Você consegue fazer uma venda acompanhando os clientes e adaptando-se constantemente às necessidades deles.
Aja de acordo com os sinais que eles emitem.

Use táticas diferentes; uma única abordagem nem sempre dá resultado.
Não há um momento oportuno ou uma única proposta que sempre seja ideal.
Você deve sempre criar uma situação que aparente urgência.
Um instante pode determinar seu sucesso ou seu fracasso.

Capítulo 7

軍爭

Contato de Vendas

Neste capítulo, Sun Tzu alerta-nos sobre o perigo de entrar em confronto direto sem uma vantagem decisiva. Na parte final do capítulo, ele cita as técnicas para vencer uma batalha. O vendedor encontrará informações sobre como realizar a delicada tarefa de fazer um contato de vendas com os clientes.

Sun Tzu começa explicando os perigos de uma batalha e o fato de que ela não pode ser empreendida sem o devido cuidado.

Em seguida, ele explica os reveses que você pode sofrer quando vai para uma batalha sem preparação adequada.

Na terceira seção do capítulo, enfatiza novamente a necessidade do logro, isto é, de controlar a percepção das outras pessoas durante o confronto.

Sun Tzu discute, na quarta seção, a necessidade de métodos mais eficientes de comunicação nessas situações. A boa comunicação é o grande segredo para vencer todas as batalhas.

O próximo tópico abordado é o momento certo de fazer contato com o inimigo para controlar a situação.

Na parte final, Sun Tzu enumera algumas regras, poucas, mas fundamentais, para não se cometer erros durante o contato com o inimigo.

Contato de Vendas

1 Todos usam técnicas de vendas.
Sua empresa lhe passa uma tarefa a ser cumprida.
Então, você seleciona suas oportunidades de venda e seus clientes potenciais.
Você os organiza e os coloca em um território.
Mas a tarefa mais difícil é entrar em contato com o cliente potencial.

O contato de vendas não é fácil para ninguém.
Você não consegue prever que rumo ele vai tomar.
Por isso, espere problemas pela frente e transforme-os em oportunidades.

Você deve usar um caminho alternativo para atingir seu objetivo.
Tente atrair os clientes com benefícios.
Quando você falha, deve saber como se recuperar.
Quando está à frente do cliente, deve desacelerar o passo.
Deve saber antecipadamente como superar as objeções que podem comprometer a venda.

Você próprio pode fazer esse contato dar certo.
Todo contato com o cliente é difícil por si só.

2 Você argumenta demais sobre os benefícios do produto.
Então, perde o cliente.
Pode acelerar o processo de venda propondo benefícios.
Então, não consegue conhecer o cliente.

Você pode defender seu produto e pedir diretamente ao cliente que faça o pedido.
Pode trabalhar dia e noite.
Pode fazer contato com vários clientes.
Pode passar o tempo todo fazendo propaganda dos benefícios do produto.
Mesmo assim, o cliente pode rejeitar seu produto e sua empresa.
No começo, você acha que está conseguindo fazer a venda.
Mas seus pontos fracos vão acabar aparecendo.
Apenas parte de seu esforço surte efeito.
Você pode tentar encurtar o processo de venda.
Sua proposta ainda não corresponde ao esperado.
Você está perdendo parte de seu tempo.
Você pode tentar agilizar uma venda que já está praticamente feita.
Pode ser que consiga fazer duas em cada três vendas.

Se você tentar eliminar etapas necessárias no processo de venda, isso lhe custará caro.
Sem as informações adequadas, perderá a venda.
Sem preparar bem o terreno, também perderá a venda.

No início, você não deve revelar o que está planejando vender.
Reúna-se com as pessoas e converse com elas.
Conheça o negócio de seu cliente.
Saiba quais são os problemas que o afligem.
Evite questões políticas.
Esteja bem informado para fazer a venda.
Confie nos seus contatos no negócio.
Tire vantagem do modo de pensar de seu cliente.

3 Você não deve mostrar que quer fazer a venda.
Se o cliente não coloca objeções, você consegue avançar.
Você descobre e entende quais os problemas do cliente e tira proveito da situação.
Para vender, você precisa ser rápido.
Em última análise, deve ficar firme e ser convincente.
Deve ser assertivo e ambicioso.
Deve ser calmo e paciente.
Não deve revelar seus planos.
Deve ser arrojado e corajoso.
Priorize suas atividades ao administrar seu território.
Quando aparecer uma oportunidade, chegue a um acordo.
Não pense; simplesmente aja.

Identifique outras formas de ajudar a empresa do cliente a ser bem-sucedida.

É assim que você terá sucesso quando fizer contato com um cliente.

4 A experiência em vendas nos ensina:
"Palavras não são suficientes.
Use quadros e gráficos.
Demonstrar não é suficiente.
Faça uma apresentação que impressione e prenda a atenção das pessoas."
Use quadros, material de apoio e seja um *showman* para prender a atenção de todos.
Posicione seu produto de forma simples para que todos possam ver seu real valor.

Amarre seus argumentos.
Não mostre idéias inovadoras soltas.
Relacione-as a idéias familiares, conhecidas.
Toda idéia deve ampliar uma mensagem única e clara.
Quando você é desconhecido, crie um clima de entusiasmo e interesse.
Se é mais conhecido, ainda assim tem de ser interessante.
Você deve assumir uma posição que todos entendam e aprovem.

5 Você precisa captar a atenção de seus clientes.
Como vendedor, você deve usar a emoção.

De manhã, a resistência dos clientes é maior.
Durante o dia, ela diminui.
De noite, eles querem voltar para casa.
Você deve usar seu tempo de forma inteligente.
Evite uma forte resistência.

Feche o negócio quando a resistência diminuir e os clientes estiverem com vontade de ir para casa.
É assim que se administra a energia.

Mantenha-se organizado quando o cliente estiver confuso.
Fique calmo quando o cliente estiver desabafando.
É assim que se controla a emoção.

Mantenha seu ponto de vista e espere a reação dos outros.
Mantenha-se receptivo enquanto quebra a resistência do cliente.
Você vai se sair bem se atender às necessidades dele.
É assim que se usa a persuasão.

6 Não crie uma resistência organizada.
Não vá contra opiniões arraigadas.
É assim que se domina a adaptação.
Você deve respeitar as seguintes regras de vendas:

Não se oponha a opiniões resistentes.
Não vá contra um argumento com base em falta de alternativas.
Não aceite aqueles que apenas fingem concordar.
Não ataque um concorrente mais forte do que você.
Não acredite em tudo que o cliente diz.
Não discuta com um cliente que concorda com você.

Dê ao cliente uma alternativa aceitável.

Não faça os clientes se sentirem pressionados demais a tomar uma decisão.

Essas são as regras de vendas.

Capítulo 8

九變

Adaptando-se à Situação

O tema deste capítulo é a necessidade de se mudar de planos constantemente, de acordo com a situação. Na visão de Sun Tzu, estratégias eficazes devem ser dinâmicas. Isso vale principalmente para um vendedor que sempre precisa superar novos obstáculos no processo de venda.

Na primeira seção do capítulo, Sun Tzu enumera situações (analisadas com mais detalhes em vários outros capítulos) que mostram a necessidade de se mudar os planos constantemente.

Na seção seguinte, que é bastante curta, ele argumenta que você deve ser criativo e ajustar constantemente seus métodos, mantendo a consistência em termos de resultados.

Na terceira seção, que também é bastante curta, ele explica que você pode usar a dinâmica das situações de competição para controlar o comportamento de seus adversários.

Em seguida, Sun Tzu comenta a necessidade de se levar em conta a imprevisibilidade dos adversários quando você planeja como defender sua posição.

Por fim, ele enumera as cinco fraquezas de um líder e explica como elas podem ser facilmente exploradas na dinâmica da competição.

Adaptando-se à Situação

1 Em vendas, existem algumas regras básicas.
A empresa é que diz qual é seu território.
Você organiza seu processo de venda.
Quando é impossível fazer a venda, não perca seu tempo.
Quando você compartilha objetivos, deve fazer parcerias.
Quando você é rejeitado, não desista.
Quando alguém é mais habilidoso do que você, use sua criatividade.
Quando você se encontra em uma situação de vida ou morte, você tem de vencer.
Há produtos e serviços que você não deve vender.
Há clientes que você não vai querer.
Há concorrentes que você não consegue desafiar.
Há propostas que você não deve defender.
Há momentos em que você ignora as políticas-padrão da empresa.

Você deve ser especialista em como se portar para fazer uma venda.
O segredo do sucesso é adaptar-se à situação.

Alguns vendedores são incapazes de mudar sua posição para adaptar-se a determinada situação.
Eles podem até saber o que o cliente pensa.
Mas são incapazes de identificar os pontos-chave em uma venda.

Alguns vendedores tentam vender sem mudar seus métodos de praxe.
Eles conseguem entender quais são os pontos-chave de uma venda.
Mas são incapazes de mudar, de modo a abordar esses pontos-chave.

2 Você deve ser criativo ao planejar a venda.
Você pode encontrar pontos fracos e fortes em cada situação.
Pode usar uma série de abordagens e, ainda assim, obter bons resultados constantemente.
Cada situação apresenta problemas diferentes, mas sempre é possível achar uma boa solução.

3 Você pode superar os concorrentes, aproveitando-se dos pontos fracos que eles demonstram.

Deve manipular seus concorrentes, forçando-os a sempre defenderem seus produtos.

Pode agilizar o processo de venda dando ao cliente uma boa razão para tomar uma decisão rápida.

4 Você deve usar seus recursos com critério.

Não espere fazer uma venda sem encontrar obstáculos.

Ao contrário, prepare-se para encontrar resistência.

Não conte que os concorrentes não atacarão seu produto.

Ao contrário, estruture sua proposta comercial de modo que seus concorrentes não possam atacá-la facilmente.

5 Um vendedor pode ter cinco diferentes falhas de caráter:
Se ele está disposto a perder a venda, vai perder a venda.
Se lhe falta coragem, vai perder a oportunidade de vender.
Se tem um temperamento explosivo, pode ser provocado.
Se é sensível à rejeição, não consegue pedir para o cliente fazer o pedido.
Se é suscetível à crítica, pode sentir-se constrangido.
Se adora seus argumentos, pode arranjar problemas.
Em qualquer situação, procure identificar esses cinco pontos fracos.
São pontos que os vendedores têm em comum.
Eles podem levar qualquer um ao fracasso.

Esses pontos fracos podem destruir você e sua carreira.
Você deve saber como explorá-los nos outros.
Deve estar sempre consciente deles.

Terreno

Capítulo 9

行軍

Levando o Processo de Vendas Adiante

Este longo capítulo trata dos desafios que se enfrentam quando se põe uma organização em movimento rumo a um novo território de competição. Grande parte do capítulo é dedicada à interpretação correta dos sinais do ambiente. Para um vendedor, o capítulo mostra como dar continuidade ao processo de venda apesar dos problemas e objeções.

Na primeira seção, Sun Tzu descreve os quatro diferentes tipos de território e a movimentação em cada um deles.

Em seguida, faz um breve comentário a respeito da necessidade de se controlar os terrenos altos em qualquer tipo de situação.

Na terceira seção, ele nos alerta sobre os perigos sazonais e ocultos decorrentes da exploração de um novo território.

Na seção seguinte, ele explica vários sinais do ambiente e como interpretá-los.

Na quinta seção, que é bem longa, Sun Tzu explica detalhadamente como se pode entender as condições e intenções dos adversários, interpretando o seu comportamento.

Sun Tzu termina o capítulo descrevendo como saber quando já se chegou ao limite em uma arena de competição e como se reagrupar.

Levando o Processo de Vendas Adiante

1 Para levar o processo de vendas adiante, adapte-se ao cliente.
Em grandes organizações, comece nos níveis hierárquicos mais baixos.
Em seguida, tente chegar até a gerência e se fazer conhecido.
Para fazer uma venda, nunca entre em conflito com a alta gerência.
É assim que você deve agir em empresas com vários níveis hierárquicos.

Em empresas com muitas divisões, respeite as fronteiras entre elas.
Espere até que seus concorrentes cruzem essas fronteiras.
Não faça como eles, ignorando-as.
Quando eles começam a tentar vender para seus contatos, você pode vencê-los facilmente.
Você precisa manter-se competitivo.

Não dependa das fronteiras internas entre os departamentos de uma empresa para deter a concorrência.
Leve as decisões para os níveis hierárquicos mais altos.
Deixe que os concorrentes se debatam com as políticas da empresa.
Esteja sempre um nível acima deles na organização.

Organizações complexas podem retardar seu progresso.
Consiga identificar rapidamente a pessoa que realmente toma as decisões.
Você pode encontrar concorrência nessas organizações confusas.
Nesse caso, tente elaborar um processo de vendas bem definido.
Você não quer que a concorrência o pegue de surpresa.
Evite dar um passo em falso nessas empresas.
Em organizações menos hierarquizadas, apresente propostas flexíveis.
Chegue até o mais alto nível hierárquico que puder para promover seus produtos.
Fique de olho na concorrência e não deixe que ela chegue até as pessoas que apóiam suas idéias.
Essas pessoas conseguem fazer a venda em organizações menos hierarquizadas.
Você pode vender nesses quatro tipos de organizações.
Os vendedores bem-sucedidos usam as organizações para derrotar a concorrência.

2 Quanto mais perto você estiver da alta gerência da empresa, melhor para você.
Chegue aos altos executivos da empresa com a mesma rapidez com que chegou aos funcionários de menor hierarquia.
Relacionamentos produtivos são decorrentes do valor que você tem para as pessoas.
Mantenha seus relacionamentos produtivos.
Dessa forma, você conquistará clientes.
Às vezes, você precisa defender uma ligeira vantagem que leva sobre a concorrência.
Mostre o valor de seu produto para a alta gerência.
Você quer sempre que ela esteja do seu lado.
Esses relacionamentos só podem lhe trazer benefícios.
Eles lhe dão uma posição de vantagem.

3 Pare de vender para uma empresa que está mudando sua estrutura organizacional.
Não que seja impossível vender-lhe algo.
Mas espere até que as mudanças tenham sido concluídas.

Em todas as organizações, há barreiras à tomada de decisões que podem impedir que você faça uma venda.
Há os que se opõem.
Há os que controlam.
Há os que perdem tempo.
Há os que querem acabar com a negociação.
Há os advogados.
Saia do alcance dessas pessoas o mais rápido possível.
Não perca tempo com elas.
Mantenha-as a distância.
Coloque seus concorrentes em contato com elas.
Fique de olho nessas pessoas.

Deixe que seus concorrentes sejam pegos de surpresa por elas.
Pode haver uma oposição imperceptível.
Cuidado com os comitês.
Cuidado com as forças-tarefa.
Cuidado com a burocracia.
Eles podem fornecer uma base secreta para o ataque da concorrência.
Descubra suas intenções.
Você não quer que eles lhe armem uma emboscada.

4 A concorrência está envolvida na negociação, mas não se pronuncia.
Pode contar que ela está em uma posição confortável.
Ela fala pouco de você, mas continua na negociação.
Ela quer que você ataque o produto dela.

A proposta da concorrência parece fácil de ser superada.
Nesse caso, pode contar que ela tem alguma vantagem que você desconhece.

Os objetivos da compra podem mudar de uma hora para outra.
Isso significa que a concorrência está agindo.
Há muitos requisitos de compra.
Desconfie que isso é trabalho da concorrência.

Seus contatos podem recuar de uma hora para outra.
Desconfie que a concorrência está preparando uma surpresa.
Aqueles que o apóiam estão em dúvida.
A concorrência está armando uma emboscada.

Ouça os boatos sobre a concorrência.
As informações podem vir da alta gerência.

Isso significa que a concorrência é agressiva.
Você ouve falar da concorrência em toda parte.
Isso significa que ela tem muitas pessoas agindo.
Há informações sobre a concorrência em várias áreas.
Isso significa que ela está tentando conhecer a organização.
As informações sobre a concorrência são cada vez mais escassas.
Isso significa que ela não está agindo.

5 A concorrência parece pessimista, mas atuante.
Pode contar que ela vai aumentar a pressão.

A concorrência canta vitória e ataca você.
Pode contar que ela vai desistir logo.

A concorrência quer que um cliente potencial tome algumas decisões menos importantes.
Essas decisões dão respaldo à proposta dela.
Pode contar que ela vai tentar fechar negócio.

A concorrência quer abrir mão da venda sem nada em troca.
Pode contar que ela está tentando enganá-lo.

A concorrência está organizando-se ativamente.
Pode contar que ela vai exigir uma decisão.

A concorrência se oferece para dividir o negócio com você.
Isso significa que ela está preparando uma armadilha.

A concorrência começa a oferecer descontos.
Isso significa que ela não está vendendo.

A concorrência começa a exigir pagamento à vista.
Ela está sem caixa.

A concorrência tem uma grande oportunidade pela frente, mas não faz nada.
Isso significa que ela não tem iniciativa.

Os clientes começam a procurá-lo.
Isso significa que a concorrência os abandonou.

A concorrência pede-lhe informações.
Isso significa que ela está com medo.

As reivindicações da concorrência não são atendidas.
Isso significa que ela não é levada a sério.

As propostas comerciais da concorrência mudam de uma hora para outra.
Isso significa que ela é desorganizada.

Os gerentes da concorrência estão impacientes.
Isso significa que a equipe de vendas é ineficiente.

A concorrência permite que clientes estabeleçam os termos e condições.
Isso significa que ela está sem recursos.

A concorrência faz propostas desesperadas.
Isso significa que ela vai brigar com você até o final.

A concorrência parece sincera e dedicada.
No entanto, seus funcionários falam mal da gerência.
Isso significa que eles não se dedicam à empresa.

A concorrência oferece muitos incentivos aos clientes.
Isso significa que ela está com problemas.
A concorrência começa a impor prazos a seus clientes.
Isso significa que ela está sob pressão.

A concorrência primeiro o ataca e depois tenta estabelecer um relacionamento com você.
Isso significa que não é inteligente.

A concorrência tenta colaborar com você.
Isso significa que ela precisa de sua ajuda.

A concorrência se esforça muito, mas não consegue fechar o negócio.
Ela está tentando fechar negócio há muito tempo, mas nunca ataca você.
Porém, também não desiste.
Tome muito cuidado nessas situações.

6 Se sua proposta não tem chances de sair vencedora, você pode melhorá-la.
Mas não peça para o cliente fazer o pedido.
Concentre seus esforços.
Prepare-se para enfrentar a concorrência.
Obtenha mais informações e adie o fechamento do negócio.

Você deve fazer um planejamento constante e nunca deixar de levar seus concorrentes a sério.
Nunca permita que a concorrência chegue à sua frente.

7 Você deve oferecer propostas consistentes e claras quando está começando um relacionamento com um novo cliente.
Caso contrário, ele não vai aceitar sua liderança.
Se isso acontecer, você não terá o controle.

A situação é diferente com relacionamentos já estabelecidos.
Você precisa ser flexível.
O melhor para você é que eles lhe forneçam novas idéias.

Estabeleça um sólido relacionamento com seus clientes.
Você ganha a conta dos clientes possibilitando que eles sejam bem-sucedidos.
Eles devem acreditar em você.

Educando o cliente, você facilita o processo de compra para ele.
Dessa forma, ele faz pedidos com mais freqüência.
Se você dificulta o processo de compra para o cliente, não consegue mantê-lo.
Ele não vai mais ouvi-lo.

Você deve facilitar o processo de compra.
Deve sempre educar seus clientes.

Capítulo 10

地形

Relacionamento com o Cliente

Este capítulo analisa as seis características, chamadas posições no campo, que podem ser usadas para avaliar suas posições, principalmente quando você quer se deslocar de uma para outra. Para um vendedor, essas características ajudam a analisar os tipos de relacionamento que se podem estabelecer com os clientes.

Sun Tzu começa com uma descrição detalhada dos seis tipos de posição no campo e de como utilizá-las.

Depois, enumera as seis falhas nas organizações e o modo de diagnosticá-las. Embora o texto não explique, cada uma das seis falhas surge e se intensifica segundo a posição no campo específica que corresponde à ordem em que é enumerada.

Em seguida, Sun Tzu analisa os pontos que você deve considerar ao mudar de uma posição temporária para outra.

Na seção seguinte, ele fala sobre a forma correta de liderar seu pessoal em novas situações.

Por último, Sun Tzu discute a necessidade de comparar sua posição relativa no campo com a de seus adversários antes de optar por um curso de ação.

Relacionamento com o Cliente

1 Alguns clientes são acessíveis.
Outros são seletivos.
Alguns o incentivam.
Outros são inflexíveis.
Alguns são centralizadores.
Outros são inadequados.

Perceba quando os clientes o aceitam abertamente.
Eles vão aceitar a concorrência da mesma forma.
Esses clientes são acessíveis.
Eles são abertos a novas idéias.
Com esse tipo de cliente, seja o primeiro a entender suas necessidades.
Interaja com a alta gerência da empresa e posicione seu produto de forma clara.
Com esse tipo de cliente, liderança é fundamental.

Alguns clientes lhe dão uma oportunidade de ganhar a conta.
Caso fracasse, você não poderá voltar à carga novamente.
Esses clientes são seletivos.
Eles lhe dão uma única chance.
Espere e identifique um problema que precise de sua ajuda para ser resolvido.

Então, você pode procurá-los e ganhar a conta.
Evite vender para esse tipo de cliente se você não pode resolver um problema importante.
Suas tentativas não darão certo.
Como você não pode voltar atrás, estará perdendo sua única chance.
Você não consegue ter controle sobre esses clientes.

Alguns clientes julgam as propostas com base no vendedor que mostra mais confiança.
Nem você nem seu concorrente conseguem sair sem perder.
Esse é o tipo de cliente que o ajuda a progredir.
Ele contribui para que você seja um melhor profissional.
Você pode ficar desanimado ao ter de interagir com esse tipo de cliente.
Não desista de sua proposta.
Faça os concorrentes perderem a paciência.
Então, critique-os quando eles se acalmarem.
Esse é o tipo de cliente que você quer.
Alguns clientes são inflexíveis.
Você deve ser o primeiro a entrar em contato com eles.
Deve influenciá-los e, então, esperar pela concorrência.
A concorrência pode entrar em contato com eles primeiro.
Se ela conseguir convencer as pessoas que tomam as decisões, não perca seu tempo.
Caso contrário, vá em frente.

Alguns clientes são centralizadores.
Seja o primeiro a entrar em contato com a pessoa que toma as decisões.
Depois disso, você pode atiçar a concorrência.
Às vezes, os concorrentes contatam primeiro o responsável pelas decisões.

Nesse caso, tente afastar essa pessoa deles.
Não tente vender para esses clientes se os concorrentes já convenceram o responsável pelas decisões.

Alguns clientes são inadequados.
Parece que é possível convencê-los a comprar.
Mas você está perdendo seu tempo vendendo para eles.
Mesmo se você fizer uma venda, nunca vai tirar proveito disso.

Esses são os seis tipos de clientes.
Cada tipo de cliente tem suas próprias regras.
Um vendedor deve conhecer seus clientes.
Sempre faça perguntas para conhecê-los melhor.

2 Há vendedores que vão rápido demais.
Há vendedores que vão devagar demais.
Há vendedores que tropeçam.
Há vendedores que desmoronam.
Há vendedores que são desorganizados.
Há vendedores que desistem.

Evite esses seis pontos fracos.
Eles não são características intrínsecas.
São conseqüência de suas ações.

Seus produtos são iguais aos da concorrência.
Mas você permite que a concorrência leve vantagem.
Isso significa que você está se precipitando.

Suas idéias são boas, mas seu processo de venda é fraco.

Seu progresso será lento.

Seu processo é bom, mas suas idéias são fracas.
Você vai tropeçar.

Você pode negligenciar seus contatos de venda.
Os que trabalham para o cliente não podem ajudá-lo.
Por isso, você não consegue entendê-lo.
Você vai desmoronar.

Você pode ser negligente e descuidado.
Sua proposta não é clara.
Se sua proposta não é clara, os clientes ficam confusos.
Seu tempo não é bem utilizado.
Você é desorganizado.

Como vendedor, não consegue entender o cliente.
Oferece soluções para problemas que ele não tem.
Está se baseando em pontos errados.
Não consegue escolher os clientes certos.
Em última análise, você deve desistir.

Você deve conhecer muito bem esses seis pontos fracos.
Para se sair bem em vendas, você deve evitar esses seis pontos.
Você deve entender seus clientes.
O cliente ajuda você a fazer a venda.

3 Você deve orientar o cliente.
Isso sempre fortalece sua posição.

Você deve saber com antecedência como mostrar ao cliente que as alternativas dele não são boas.
Deve prever as dificuldades, os problemas e as necessidades do cliente.
Essa é a melhor forma de fazer a venda.

Você deve entender esses aspectos quando faz uma venda.
Dessa forma, sempre vai se sair bem.
Você pode não entender esses aspectos e tentar fazer a venda.
Mas você sempre vai fracassar.

Faça a venda quando tiver certeza de que sua posição está segura.
Não tente escolher o momento de fazer a venda baseado nas necessidades de sua empresa.
Pode haver muitas razões para que esse não seja o momento oportuno.
Mas você deve sempre fechar o negócio quando surge a oportunidade.

Quando perceber que não vai fazer a venda, deve adiar a decisão.
Seu chefe pode insistir para você tentar fazer a venda.
Mas você deve adiá-la se perceber que não vai conseguir.

Você nunca deve fazer negócio porque precisa da comissão.
Você deve tentar fechar um negócio sem medo de ser rejeitado.
Deve preocupar-se apenas em preservar suas vantagens.
Deve ajudar o cliente a beneficiar a empresa em que você trabalha.
É assim que você alcança o sucesso.

4 Trate seus clientes como se fossem seus filhos.
Eles vão ouvir você.
Trate-os com carinho e atenção.
Serão clientes fiéis.

Se você se preocupa com seus clientes, deve pedir que eles comprem.
Se você gosta deles, deve exigir que eles tomem uma decisão.
Você não deve deixá-los confusos, sem orientação.
Não pode ajudá-los, se eles não ouvem.
Sua ajuda é inútil.

5 Você pode até saber que tem bons produtos.
Mas também deve saber qual o valor deles para os clientes.
Caso contrário, você fez apenas parte de seu trabalho.
Você pode até saber como atender às necessidades de seus clientes.
Mas também deve saber como convencê-los de que sua proposta é a melhor.
Caso contrário, você fez apenas parte de seu trabalho.
Você pode até conhecer as necessidades de seus clientes.
Pode saber como seus produtos atendem às necessidades deles.
Mas também precisa saber exatamente o que os clientes estão pensando sobre as outras opções.
Caso contrário, você fez apenas parte de seu trabalho.

Você precisa realmente entender de vendas.
Só assim poderá agir com segurança.
Poderá vender qualquer coisa.

Atente para os seguintes pontos:
Conheça seus clientes e seus produtos.
Então, fica fácil vender.
Entenda o modo de pensar e as necessidades de seus clientes.
Então, o sucesso é garantido.

Capítulo 11

九地

Estágios de Venda

Este capítulo descreve nove diferentes situações que costumam modificar-se quando um exército invade o território inimigo e penetra cada vez mais fundo nele. Cada uma dessas situações ou estágios de desenvolvimento tem um foco tático claro. Para um vendedor, esses estágios descrevem as nove diferentes fases pelas quais o processo de venda geralmente passa.

A primeira seção do capítulo descreve os nove estágios da campanha militar e as táticas específicas que eles implicam.

Na seção seguinte, Sun Tzu mostra como impedir que os adversários se organizem e se defendam da invasão.

A terceira seção mostra como se conduz uma invasão em território inimigo.

Na quarta seção, Sun Tzu explica como se prepara com antecedência a reação certa ao ataque e como se utiliza a adversidade para unir as forças.

Em seguida, ele discorre sobre as funções de um líder.

Na sexta seção, Sun Tzu analisa os estágios de uma campanha, com ênfase na psicologia da tropa.

Na seção seguinte, ressalta que o conhecimento e a unidade são o segredo de uma campanha vencedora, enfatizando a capacidade de recuperação dos reveses iniciais.

Por fim, Sun Tzu discute a necessidade de se estabelecer, desde o início, o tom certo para uma campanha.

Estágios de Venda

1 Use suas habilidades de venda:
Perceba quando sua situação é delicada.
Perceba quando ela é fácil.
Perceba quando é de disputa.
Perceba quando ela está em aberto.
Perceba quando é compartilhada.
Perceba quando é séria.
Perceba quando é difícil.
Perceba quando é limitada.
Perceba quando é de vida ou morte.

Inicialmente, todos os clientes se sentem constrangidos e desconfiados em relação a um novo vendedor.
Essa é uma situação delicada.

O cliente aceita que você lhe faça uma visita.
Essa é uma situação fácil.

O cliente mostra algum interesse.
Mas também está interessado nos produtos da concorrência.
Essa é uma situação de disputa.

O processo de venda está caminhando bem.
No entanto, a concorrência ainda tem chances de entrar.
Essa é uma situação em aberto.

Empresas que se complementam podem atuar juntas em uma venda.
Aquela que primeiro fez contato com o cliente pode determinar as prioridades do processo de venda.
Essa é uma situação compartilhada.

Você investe muito tempo em uma venda.
Quanto mais perto você está de fechar o negócio, mais o cliente resiste.
Essa é uma situação séria.

Alguns clientes não podem pagar.
Outros não conseguem tomar uma decisão.
Você não consegue satisfazer alguns clientes.
São problemas graves em qualquer venda.
Essas são situações difíceis.

Muitas vezes, é difícil começar uma negociação.
Mas sair de algumas delas é impossível.
Você assume compromissos que limitam o que pode ou não fazer.

Essas são situações limitadas.

Às vezes, você só se sairá bem se fizer a venda imediatamente.
Você fracassará, se a situação se prolongar.
Essas são situações de vida ou morte.
Em situações delicadas, o segredo é evitar qualquer resistência.
Em situações fáceis, vá em frente.

Em situações de disputa, não pressione o cliente a tomar uma decisão.
Em situações em aberto, não tente impedir a concorrência.
Em situações compartilhadas, leve seus melhores parceiros.
Em situações sérias, aja com decisão e confiança o mais rápido possível.
Em situações difíceis, procure outro cliente.
Em situações limitadas, busque alternativas.
Em situações de vida ou morte, peça para o cliente fazer o pedido.

2 Identifique alguma área em que o cliente precisa de ajuda.
Você deve controlar o fluxo de informações sobre o mercado que chega até ele.
Impeça a concorrência de conseguir muitas pessoas que a apóiem.
Faça com que seus concorrentes não consigam se entender.
Impeça-os de se unirem contra você.
Enfraqueça as propostas dos concorrentes antes que elas ganhem credibilidade.
Se a proposta é viável, trate de mostrar os pontos fracos dos concorrentes.

Quando você estiver em vantagem, force um confronto.
Quando estiver em desvantagem, evite o confronto.

Você pode se perguntar:
"Uma empresa forte, bem organizada, está concorrendo comigo.
O que devo fazer?"

As opções são:
Chame a atenção para problemas que os clientes precisam resolver rapidamente.
Então, você poderá direcioná-los.
A urgência é o segredo da venda.

Explore a incapacidade do concorrente de manter o mesmo ritmo.
Aja sem hesitar.
Conduza a discussão para uma área em que a concorrência está despreparada.

3 Aja como se você fosse um visitante quando vai à empresa do cliente.
Quando você está investindo seu tempo, deve concentrar seus esforços.
Deve ajudar o cliente, e não se opor a ele.

Consiga o apoio de formadores de opinião do cliente.
As necessidades do cliente devem ser seu estímulo para vender.

Consiga o apoio para seu produto, mas não exagere seus méritos.
Faça os clientes se sentirem parte importante de sua empresa.
Dê continuidade ao processo de venda e fique preparado para surpresas.
Sempre ofereça aos clientes mais valor do que eles esperam.
Coloque-se em uma posição em que você tem de fazer a venda.
Você não pode simplesmente procurar o próximo cliente potencial.
Precisa encontrar uma forma de ajudar o cliente com o qual está negociando.
Use toda sua capacidade para ser bem-sucedido.

Quando você dá tudo de si, perde o medo de ser rejeitado.
Quando tem de se sair bem, pode ser firme com os clientes.
Quando você se dedica ao máximo, não tem escolha.
Você não tem outra opção a não ser fazer tudo que estiver a seu alcance.

Dê o máximo de si.
Fique alerta, mesmo sem ser avisado.
Dê as respostas esperadas, mesmo que ninguém pergunte.
Leve em conta as necessidades do cliente sem ser forçado a isso.

Tome a iniciativa sem que alguém lhe diga para fazê-lo.

Pare de querer adivinhar e se mantenha bem informado.
Pare de perder vendas e justificar isso com desculpas esfarrapadas.

Pode ser que seus esforços não dêem resultado.
Isso acontece não por falta de habilidade.
Você já falhou antes.
Isso acontece não por falta de interesse em ganhar a conta do cliente.

Você deve decidir quando fechar o negócio.
Você pode sentir-se retraído e inseguro.
Pode ter medo da rejeição quando tem de pedir para o cliente fazer o pedido.
Coloque-se em uma posição em que tem de fazer a venda.
Você vai encontrar a coragem de que precisa.

4 Use toda sua habilidade no momento da venda.
Você deve reagir com a precisão de um especialista.
Deve estar preparado para superar as objeções rapidamente.
Deve saber agir por reflexo.
Alguns clientes vão questionar a qualidade de seu produto: mostre seu valor.
Outros vão questionar o valor de seu produto: mostre sua qualidade.
Eles podem dizer que o produto é medíocre: mostre seu valor e qualidade.

Você pode perguntar:
"É possível vender reagindo tão rápido?"
Só há uma resposta possível.
Você tem de vender!

Para ter o cliente sob controle quando ele quer dar as cartas, você deve analisar os problemas dele.
Ele vai cooperar se ambos perceberem que precisam um do outro.
Vocês podem se ajudar se perceberem que são parceiros no negócio.

Você deve direcionar o cliente de forma correta.
Você quer que ele sinta necessidade de seu produto.
Mas isso não é suficiente.

Mostre-lhe um quadro equilibrado para ganhar sua confiança.
É nisso que consiste a persuasão.

Você deve mostrar tanto seus pontos fortes quanto seus pontos fracos.
Deve saber o que é importante.

Use bem seu tempo.
Faça uma apresentação simples e enfocada.
Nunca desista.

5 Para ser vendedor, você precisa de dedicação.
Isso exige confiança e desprendimento.
Você deve manter sua autoridade e controle.
Deve inspirar a visão e as idéias de seus clientes.
Seus clientes devem acreditar que você sabe mais do que eles.
Você deve identificar novas possibilidades nos negócios de seus clientes.
Deve criar novas abordagens.
Deve tentar novas idéias sem garantia de sucesso.

Deve oferecer diferentes propostas para cada cliente.
Deve oferecer algo diferente da concorrência.

O cliente nunca deve antecipar-se a você.

Você deve dar exatamente o que ele precisa naquele momento.
Deve estar disposto a aventurar-se e correr riscos quando está vendendo.
Deve ter total entendimento do negócio de seu cliente para identificar novos problemas.
Esses problemas criam oportunidades para fazer a venda.
Você deve inspirar o cliente a agir.
Deve inspirá-lo a deixar o antigo de lado.
Deve inspirá-lo a tentar o novo.
Nunca deixe que ele perceba onde você quer chegar.
Você deve enfocar sua proposta nos problemas importantes.
Deve superar todas as objeções.
Esse é o trabalho de um verdadeiro vendedor.

Você deve adaptar-se a qualquer situação de venda.
Deve ajustar seus métodos para fazer a venda.
Deve controlar as emoções de seus clientes.
Precisa saber usar todas as suas habilidades.

6 Você deve agir como um visitante na empresa de um cliente potencial.
Em ciclos de venda longos, concentre seus esforços em algumas idéias-chave.
Em ciclos de venda curtos, trabalhe com muitos clientes potenciais ao mesmo tempo.
Quando você se compromete com um cliente, deve oferecer liderança.
Esse é um momento crítico.
Você pode ir a vários departamentos.
Busque aliados que compartilhem seus objetivos.
Você vai acabar chegando no final do processo.

Fique preparado para encontrar sérias objeções.
Não há objeções no início do processo de venda.
Essa sempre é a parte mais fácil.
Então, suas escolhas ficam mais escassas e mais difíceis.
São situações limitadas.
No final, você tem de fechar o negócio.
É uma situação de vida ou morte.

Em situações delicadas, você deve entusiasmar o cliente.
Em situações fáceis, deve reunir-se freqüentemente com ele.
Em situações de disputa, deve criar obstáculos a seus concorrentes.
Em situações em aberto, deve defender sua proposta específica.
Em situações compartilhadas, deve controlar seus parceiros.
Em situações sérias, deve ter muitos recursos.
Em situações difíceis, deve procurar outro cliente.
Em situações limitadas, deve defender sua posição diante das pessoas responsáveis pelas decisões.
Em situações de vida ou morte, deve mostrar sua capacidade fechando o negócio.

Adapte sua apresentação às opiniões do cliente.
Se você pressioná-lo, ele entrará em confronto com você.
Quando você facilita o processo, ele compra.
Quando ele precisa de você, segue sua liderança.

7 Faça a coisa certa quando você não conhece o negócio de seus clientes potenciais.
Admita que você não está preparado para vender para eles.
Você realmente não conhece a empresa de um determinado cliente potencial e suas necessidades?

Então, não pode dar continuidade ao processo de venda.
Você não tem informações de dentro da empresa?
Então, não conhecerá os objetivos e necessidades dos clientes.
Há tanta coisa que você precisa saber.
Você não pode ficar defasado.

Caso contrário, não vai ter controle sobre o resultado da venda.
Você deve controlar todos os aspectos da venda.
Ataque os verdadeiros problemas antes que o cliente encontre soluções por si próprio.
Faça os clientes se preocuparem com a própria empresa.
Responda às suas perguntas de modo que eles não possam colocar objeções.

Faça a coisa certa e nem sempre procure aliados para ajudá-lo em todas as vendas.
Assim, você não terá de brigar para assumir o controle.
Dependa apenas de você e de seus recursos.
Isso torna seu cliente mais dependente de você.
Você pode convencer os aliados dos concorrentes a abandoná-los.
Todo o esforço que eles fizeram pode, então, ir por água abaixo.

Trabalhando sozinho, você não divide os lucros.
Você pode mudar sua proposta sem negociar.
Pode concentrar todos seus recursos.

Pode concentrar-se em um único objetivo.
Você faz uma venda por razões comerciais.
Não fique se gabando disso.
Você é avaliado pela quantidade de vendas que faz.
Não se preocupe com os negócios que não consegue fechar.

Você pode enfrentar situações ruins e não fechar negócios, mas ainda assim sobreviver.

Você pode perder terreno temporariamente, mas em compensação aprende com os erros.
Você pode se sair bem muitas vezes, o que não significa que não terá de enfrentar situações difíceis.
Mas se ficar para trás, ainda pode dar uma reviravolta.
Você precisa assumir uma atitude profissional.
Para vender, você deve adaptar-se totalmente às necessidades do cliente.
Deve ficar com eles não importa para onde forem.
Você pode investir meses para conquistar os clientes.
Se você for hábil, consegue entender totalmente os seus negócios.

8 Faça a coisa certa no início de uma venda.
Mantenha-se calmo e esqueça as propostas anteriores.
Não tente negociar.
Tente conhecer as pessoas que tomam as principais decisões.
São elas que você tem de influenciar.
No final, o cliente vai lhe dar uma oportunidade.
Agarre-a imediatamente.

Concentre-se de imediato nos objetivos que os clientes querem atingir.
Não perca tempo.
Não tenha medo das barreiras enquanto tenta vender.
Use o bom senso para saber quando vender.
Você deve dar início a um processo de venda como se cortejasse uma mulher.
No final, o cliente lhe dará uma abertura.
Depois disso, aja rápida e instintivamente.
A concorrência será incapaz de alcançá-lo.

Capítulo 12

火攻

Usando o Desejo

Embora neste capítulo Sun Tzu concentre suas atenções em uma arma específica, o fogo, seu tema mais geral é a utilização de qualquer arma, com ênfase na alavancagem dos recursos ambientais como armas. Para o vendedor, este capítulo contém um plano completo para impulsionar os fatores ambientais visando aumentar o desejo do cliente potencial pelo produto.

Sun Tzu começa descrevendo as cinco metas específicas para o ataque ambiental. Ele também enfatiza a importância fundamental de se identificar o momento oportuno desses ataques.

Em seguida, ele ressalta que o ataque em si é menos importante do que a reação correspondente. Um ataque não cria uma oportunidade. É a reação ao ataque que cria a oportunidade.

Na seção seguinte, ele compara o fogo e a água a armas ambientais.

Por fim, ele discute a necessidade de se controlar as emoções no momento do ataque e da reação.

Usando o Desejo

1 Os desejos dos clientes podem ser divididos em cinco categorias:

1. As necessidades pessoais.
2. A necessidade de produtos.
3. A necessidade de informação.
4. A necessidade de lucro.
5. A necessidade de afeto.

Para criar o desejo por um produto, este deve ter valor para o cliente.
Para estimular o desejo, você precisa saber o que o cliente pensa.

Para vender capitalizando o desejo do cliente, ele precisa perceber suas próprias necessidades.
Para fechar a venda usando o desejo, você precisa escolher o momento certo.

Há o momento certo de fazer a venda.
É quando o cliente mais precisa do produto.

Escolha o momento certo para fechar a venda.
Escolha o momento em que o cliente tem dinheiro suficiente.

Para saber o momento certo, interprete os sinais que o cliente passa.
Escolha quando poderá influenciar mais o cliente.

2 Todos tentam atender às necessidades dos clientes.
Você pode estimular cinco necessidades diferentes do cliente e adaptar-se a elas.

Você pode atender a uma necessidade premente da empresa.
Depois, pode tratar das questões secundárias.

Você identifica um problema que não preocupa o cliente.
Espere até que ele se preocupe com o problema antes de vender.

Algumas necessidades do cliente precisam de atenção de imediato.
Apresente soluções instantâneas, se puder.
Se não for possível, espere por um momento mais propício.

Chamar a atenção para as necessidades do cliente pode gerar vendas.
Em muitas situações, você não consegue chegar até a pessoa que toma as decisões.
Aguarde o momento certo para promover sua solução.

Você pode atiçar os desejos de seu cliente.
Não vá contra atitudes estabelecidas.
As necessidades aparentes recebem mais atenção.
As necessidades sutis podem passar despercebidas muito facilmente.

Você precisa conhecer muito bem essas cinco formas de capitalizar os desejos dos clientes.

Seu processo de venda deve prepará-lo para utilizá-las.

3 Fomentar os desejos dos clientes para gerar vendas é uma tática inteligente.
A persuasão também é uma arma que pode ajudá-lo a vender.
Você pode usá-la para convencer o cliente.
Porém, ela por si só não resolve os verdadeiros problemas.

4 Você conquista o cliente vendendo seus pontos fortes.
Além disso, você deve cultivar seu relacionamento com ele.
Em vendas, você não pode se dar ao luxo de desperdiçar seus esforços.

Preste atenção ao seguinte:
Se você é inteligente, faz um planejamento para conquistar os clientes.
Se é realmente inteligente, faz um planejamento para mantê-los.
Se os clientes não têm valor a longo prazo, desista.
Se eles não podem comprar, não perca seu tempo.
Se eles não têm problemas, desista.

Nunca deixe que a necessidade de ganhar dinheiro influencie sua conduta diante de um cliente potencial.
Nunca tente fechar um negócio por causa de seu ego.
Venda apenas quando isso representar uma vantagem a longo prazo.
Se não houver nenhuma vantagem em vender, procure outro cliente potencial.

A ganância pode transformar-se em pobreza.
O orgulho pode facilmente ser domado.
Se você perder seu tempo, nunca mais irá recuperá-lo.
Você não vai conseguir alcançar o sucesso com clientes que não valem a pena.
Tendo consciência disso, você deve ser seletivo.
Deve sempre esperar pelas melhores oportunidades.

Seu plano deve ser escolher os clientes certos e formar seu território.

Capítulo 13

用間

Fazendo Perguntas

No último capítulo, Sun Tzu analisa o que considera ser o elemento mais importante da estratégia: a informação. No final de vários capítulos anteriores, ele ressaltou a importância da informação. Neste último capítulo, Sun Tzu volta ao assunto dando ênfase especial à criação de fontes de informação. Para o vendedor, as lições aqui apresentadas podem ajudá-lo a criar uma abordagem mais completa para obter informações sobre os clientes por meio de perguntas.

Sun Tzu começa descrevendo os muitos custos da guerra que podem ser minimizados com a obtenção das informações certas. Ele acredita que as fontes das quais elas devem ser obtidas são as pessoas.

Em seguida, ele enumera os cinco tipos diferentes de informação e de fontes de informação.

Na seção seguinte, ele discute as técnicas para se avaliar a informação e administrar suas fontes.

Então, ele defende que, antes de tentar resolver determinado problema, você deve procurar fontes que possam lhe dar uma visão geral dele.

A última seção enfatiza que, segundo a história da competição, o sucesso depende primeiramente da manutenção de boas fontes de informação.

Fazendo Perguntas

1 É preciso empenhar-se para ser um vendedor de sucesso.
Você tem de viajar muito.
É necessário investir muito tempo.
Alguém tem de arcar com os custos.
O desembolso de dinheiro é diário.

O contato com o cliente é o que impulsiona o processo de venda.
Se você não estiver conversando com os clientes, está perdendo tempo.
Nem sempre é possível fazer progressos quando se está tentando vender.
Mesmo assim, é preciso uma grande quantidade de recursos para lhe dar apoio.

Você pode ficar tentando fechar um negócio durante anos.
Então, tudo pode ser resolvido em um único dia.
Apesar disso, muitos vendedores são egoístas quando se trata de investir seu tempo.
Você não pode se dar ao luxo de não conhecer seu cliente.
É um erro pensar que não tem tempo para isso.

Sem informação, você não consegue direcionar a venda.
Não consegue gerar valor para sua empresa.
Não consegue vender.

Você precisa ser um líder inteligente e eficiente.
Deve reservar tempo para analisar as questões-chave de cada venda.
Deve fazer a venda o mais rápido possível.
Isso requer informação.
É possível obter essa informação.
Não se consegue isso com psicologia.
Tampouco com base nas experiências anteriores.
E muito menos tirando conclusões.
Só é possível obter informação fazendo perguntas.
Você sempre deve saber quais os problemas dos clientes.

2 Existem cinco tipos de perguntas que você pode fazer:
Perguntas que qualificam.
Perguntas que identificam.
Perguntas sobre o que o cliente valoriza.
Perguntas que direcionam o cliente.
Perguntas decisivas.

Você deve recorrer a todos os tipos de pergunta.
Dessa forma, ninguém conseguirá questionar seu conhecimento.
Você poderá conhecer qualquer negócio e como ele funciona.
Essas informações são seu recurso mais valioso.

Você deve fazer perguntas que qualificam.
Pergunte sobre os aspectos básicos do negócio.

Faça perguntas que identificam.
Descubra quem toma as decisões na organização.

Faça perguntas sobre o que o cliente valoriza.
Descubra o que é importante para ele e se concentre nisso.

Faça perguntas que direcionam o cliente.
Essas perguntas devem levá-lo para uma direção desejada.
Não diga a ele o que você está pretendendo.
Faça perguntas que levam o cliente a pensar que chegou sozinho à conclusão que você quer.

Faça perguntas decisivas.
São elas que geram a venda.

3 Seu trabalho é fazer uma boa venda.
Você consegue estabelecer um relacionamento de logo prazo com o cliente fazendo perguntas.
Nenhuma outra habilidade vale tanto.

Nada precisa ser tão bem preparado quanto as perguntas que você vai fazer.
Sem bom senso, as perguntas não surtem efeito.
Você só deve fazer perguntas francas e razoáveis.
Precisa saber ouvir para descobrir o verdadeiro valor de fazer perguntas.

Preste muita atenção no que o cliente diz.
Você pode saber tudo se fizer a pergunta certa.

As perguntas são a forma mais rápida de se obter informações, mas você deve saber ouvir.
Os vendedores que falam antes de ouvir prejudicam a si próprios e aos clientes.

4 Você pode querer entrar em um determinado mercado.
Pode querer enfocar um negócio específico.
Pode querer entrar em contato com determinada pessoa que toma as decisões em uma empresa.
Em primeiro lugar, precisa saber quem são as pessoas que tomam as decisões.
Precisa conhecer seus assistentes.
Precisa conhecer a organização.
Precisa saber como chegar até essas pessoas.
Precisa saber quem influencia suas decisões.
Precisa obter essas informações através de perguntas.

Você precisa saber como se aproximar das pessoas-chave da empresa do cliente.
Deve dar a elas uma razão para ajudá-lo.
Deve convencê-las a passar para seu lado.
Deve fazer perguntas para identificar o que é importante para essas pessoas e para a empresa onde trabalham.

Faça isso com tato.
Você pode fazer perguntas que qualificam e que identificam para aprender mais sobre o cliente.
Mais uma vez, você precisa ter tato.
Você pode fazer perguntas que direcionam o cliente.
Pode usá-las para levá-lo a pensar de determinada forma.
Também é preciso ter tato.
Assim, vai saber como fazer perguntas decisivas no momento certo.

Há cinco tipos de perguntas diferentes que você pode fazer.
Você deve ter certeza de que sabe usar todos eles.
Nunca se esqueça de fazer perguntas para entender o que o cliente valoriza.
Você não pode investir muito tempo para entender os valores do cliente.

5 É assim que você vai conseguir ter sucesso.
É assim que você mantém seus clientes.

Você deve desenvolver e atualizar seu conhecimento.
Aprenda com as boas e com as más experiências.

Um vendedor precisa manter sua empresa informada.
Use suas melhores idéias e faça o máximo possível para obter informações.
É assim que você consegue fechar os melhores negócios.
É assim que você atende às necessidades de sua empresa.
O processo de venda depende das perguntas que você faz.

Sobre o Tradutor e o Autor

Gary Gagliardi é o maior especialista americano em adaptar *A Arte da Guerra* de Sun Tzu a situações competitivas atuais. Ao mesmo tempo em que criou e desenvolveu uma das empresas que mais cresceram nos Estados Unidos, ele estudou, colocou em prática e ensinou os métodos de Sun Tzu. Depois de vender sua empresa, ele desenvolveu três trabalhos pioneiros que explicam A Arte da Guerra.

Gagliardi criou a primeira transliteração de Sun Tzu publicada em inglês, traduzindo cada caractere a partir das compilações chinesas mais recentes e mais completas do texto. Esse trabalho demonstrou a natureza quase matemática do texto original e é a base para suas outras descobertas sobre Sun Tzu. Essa transliteração e a nova tradução para o inglês estão em *The Art of War Plus The Ancient Chinese Revealed.*

Posteriormente, para seus seminários sobre A Arte da Guerra, ele descobriu os principais elementos do sistema de competição de Sun Tzu nos ideogramas, seguindo a metodologia tradicional usada por todas as antigas ciências chinesas. Isso o levou à descoberta de muitas relações ocultas no texto, o que lhe possibilitou explicar muitas das suas aparentes contradições. Esse trabalho está contido na série *The Amazing Secrets*, disponível em livro, vídeo e áudio.

Finalmente, ele explicou cada estrofe do sistema de competição de Sun Tzu à medida que se relaciona com os métodos de competitividade, economia e teoria dos jogos do mundo atual. Com mais de 300 páginas, este livro, intitulado *The Warrior Class*, é a pesquisa mais completa do sistema de Sun Tzu em termos modernos.

Gary Gagliardi também escreveu uma série de outras adaptações, aplicando os métodos de Sun Tzu a áreas como desenvolvimento de carreira, administração, marketing, vendas, pequenas empresas e até relacionamentos amorosos e relações entre pais e filhos.

Antes de iniciar seu trabalho sobre *A Arte da Guerra*, Gary era um empresário de sucesso e autor de dezenas de livros sobre desenvolvimento de negócios e informática. Após uma carreira bem-sucedida em vendas, marketing e administração em grandes empresas, abriu a própria empresa de software. Escreveu seu primeiro livro sobre Sun Tzu para a área de vendas e os distribuidores de sua empresa. Ela continuou a ser um negócio multimilionário e foi incluída duas vezes na lista das 500 empresas privadas de maior crescimento da revista *Inc.* Em 1996, ele vendeu a empresa para se dedicar, em tempo integral, às conferências e livros sobre os princípios estratégicos de Sun Tzu. Gary Gagliardi vive em Seattle com a esposa.